김구

글쓴이 **박명희**
충청남도 논산에서 태어나 인천교육대학교를 졸업했다. 월간 〈아동문예〉 신인문학상에 동화가 당선되어 작가 활동을 시작했다. 지은 책으로는 단편 동화집 《마음을 재는 자》《은빛 종이학》, 장편 동화집 《바람 속을 달리는 아이》《쪽지 편지》 들이 있다. 한국아동문학인협회, 한국문인협회 회원이며 한국동화문학상, 대한민국문학상, 성호문학상을 수상했다.

감수자 **김광운**
경기도 시흥에서 태어나 한양대학교 사학과와 같은 학교 대학원을 졸업했다. 현재 국사편찬위원회에 재직 중이며, 한겨레통일문화연구소 연구위원, 민주화운동기념사업회 자문위원으로 활동하고 있다. 한양대학교와 한신대학교, 조선대학교, 서울교육대학교 등지에서 학생들을 가르치고 있다. 지은 책으로는 《통일 독립의 현대사》 들이 있다.

김구
우리가 잊지 말아야 할 독립운동가 1

3판 1쇄 인쇄 | 2019년 7월 30일
3판 1쇄 발행 | 2019년 8월 5일

지 은 이 | 박명희
감 수 자 | 김광운
펴 낸 이 | 정중모
펴 낸 곳 | 파랑새
등   록 | 1988년 1월 21일 (제406-2000-000202호)
주   소 | 경기도 파주시 회동길 152
전   화 | 031-955-0670 팩   스 | 031-955-0661~2
홈페이지 | www.bbchild.co.kr
전자우편 | bbchild@yolimwon.com

ⓒ 파랑새, 2003, 2007, 2019
ISBN 978-89-6155-851-8 74910
     978-89-6155-850-1 (세트)

• 책값은 뒤표지에 있습니다.
• 출판사의 허락 없이 이 책의 일부 또는 전체를 인용하거나 발췌하는 것을 금합니다.
• 본 도서는 파랑새 〈인물로 보는 한국사〉 시리즈와 동일한 도서입니다.

어린이제품안전특별법에 의한 제품 표시
제조자명 파랑새 | 제조년월 2019년 8월 | 제조국 대한민국 | 사용연령 10세 이상

김구

박명희 글 | 김광운 감수

파랑새

추천사
삶의 등대가 되어 주는 역사 인물

'도로시'라는 미국의 교육학자는 '아이들은 사는 것을 배운다'라는 유명한 시를 남겼습니다. 그 내용은 다음과 같습니다.

만일 아이가 나무람 속에서 자라면 비난을 배웁니다.
만일 아이가 적개심 속에서 자라면 싸우는 것을 배웁니다.
만일 아이가 비웃음 속에서 자라면 부끄러움을 배웁니다.
만일 아이가 수치심 속에서 자라면 죄의식을 배웁니다.
만일 아이가 관대함 속에서 자라면 신뢰를 배웁니다.
만일 아이가 격려 속에서 자라면 고마움을 배웁니다.
만일 아이가 공평함 속에서 자라면 정의를 배웁니다.
만일 아이가 인정 속에서 자라면 자기 자신을 좋아하는 것을 배웁니다.
만일 아이가 받아들임과 우정 속에서 자라면 세상에서 사랑을 배우게 됩니다.

이 아름다운 시처럼 우리들의 아이들은 끊임없이 세상에서 무엇인가 배우고 있습니다. 자라나는 아이들에게 사는 것을 배우게 하는 가장 좋은 방법은 무엇일까요? 그것은 아마도 우리나라가 낳은 조상들 중에서 훌륭한 업적을 이룩하신 역사적 인물들을 배우고 그 인물들을 통해서 그들의 애국심과 남다른 인격을 본받는 것입니다. 지금까지 어린 아이들을 대상으로 하는 위인전은 많이 있었지만 이번에 발간한 인물 이야기처럼 이제 막 인격이 성숙하기 시작하는 초등학교 고학년에서부터 사춘기에 이르는 중학생을 상대로 한 인물 역사책은 거의 없었던 것으로 알고 있습니다. 사실 이런 책들은 역사를 인식하고 역사적 인물을 이해할 수 있는 연령을 대상으로 하였을 때, 비로소 그 빛을 볼 수 있다고 생각합니다.

　꼭 알아야 할 역사적 인물을 선정해서 발간하는 이 책은 우리 아이들에게 무한한 자부심과 희망과 꿈을 키워 줄 것입니다.

　그리고 이 책은 역사학자들의 철저한 감수와 고증을 거쳐 역사적 사실이 흥미 위주로 과장되거나 주관적인 해석으로 왜곡되지 않고 정확하게 전달되도록 온 힘을 기울였습니다.

　존경하는 인물을 한 사람 가슴에 품고 자라난 아이들은 가슴 속에 하나의 등대를 갖고 있는 항해사와 같습니다. 아이들의 먼 인생 항로에서 언제나 꺼지지 않는 등불이 되어 절망과 역경에 이르렀을 때도 그 앞길을 밝혀 주는 희망의 등불이 될 것입니다.

　자라나는 아이들은 미래의 희망입니다. 그들에게 사는 것을 가르치기 위해서는 아이들이 살아갈 조국, 내 나라 내 땅을 위해 땀과 피와 목숨을 바친 훌륭한 역사적 인물들의 씨앗을 우리 아이들의 가슴 속에 뿌려 주는 일일 것입니다. 그 씨앗은 아이들 가슴 속에서 무럭무럭 자라나 마침내 아름다운 꽃과 무성한 열매를 맺게 될 것임을 저는 의심치 않습니다.

이어령 전 문화부 장관

지은이의 말

일제 35년을 포함한 우리나라 근대 100년의 역사는 어둡고 고통스러운 것이었습니다. 국토와 국권을 상실하는 민족 최대의 수난을 겪었던 시기이기 때문입니다. 그러나 한편으로는 조국의 광복과 민족의 통일을 기원하며 일생을 바친 숭고한 애국지사들이 셀 수 없이 많이 배출된 시기이기도 하였습니다.

그러한 애국지사들의 피와 땀을 밑거름으로 삼아 오늘날의 대한민국이 된 것입니다.

특히 백범 김구 선생은 한평생을 조국의 진정한 독립을 위해, 그리고 분단된 조국의 통일을 위해 몸바친 분입니다.

백범(白凡)이라는 말은 '비천한 사람'이라는 뜻입니다. 백(白)자는 '백정'에서 따온 것이며 범(凡)자는 평범한 사람이라는 뜻인 '범부'에서 따온 것이라고 합니다.

가장 비천한 사람까지 모두 글을 배우고 애국심을 가질 줄 아는 국민이 되게 하자는 뜻의 호입니다.

"하나님, 우리나라가 독립하여 정부가 생기거든 그 집의 뜰을 쓸고 유리창을 닦는 일을 해 보고 죽게 해 주십시오."라고 기도했던 백범은 3·1 운동 이후 상하이로 망명하여 대한민국 임시 정부 주석까지 되어 독립운동을 했습니다.

자주적인 독립, 자주적인 통일을 외치던 백범.

독립 후에 조국이 남북으로 갈라지게 되자 백범은 외국의 간섭 없이 오직 평화로운 민주적 방법으로 자주적인 통일을 하자고 눈물로 호소합니다. 국제 정세상 조국의 분단은 어쩔 수 없는 일이라며 모두 단념하고 있을 때였습니다. 아마도 그때 백범의 주장대로만 되었다면 한국 전쟁 같은 동족끼리의 전쟁은 일어나지 않았을 것입니다.

암살 소문이 끊이지 않는다고 주변 사람들이 걱정스럽게 말하자 백범은 껄껄 웃으며 말했습니다.

"염려 말게. 나는 왜놈에게 죽을 짓을 한 적은 있지만 내 민족에게 죽을 짓은 한 적이 없네."

하지만 결국 백범은 육군 소위 안두희에게 1949년 6월 26일 일요일에 암살당하고 말았습니다.

부디 이 책을 읽으면서 백범의 삶을 되살려 보고, 이 시대를 사는 우리가 어떠한 삶을 살아야 하는지 돌아보는 계기가 되기 바랍니다.

박명희

차례

추천사 4
지은이의 말 8

1. 출생과 유년기 12
2. 과거를 준비하다 23
3. 동학교도가 되다 34
4. 싹트는 애국심 48
5. 투옥과 탈옥 59
6. 힘들게 얻은 짝 73

7. 교육 운동을 펼치다　　　　　　　　　　86
8. 다시 감옥에 갇히다　　　　　　　　　　98
9. 상하이 임시 정부에서의 활동　　　　　114
10. 이봉창 의사와 윤봉길 의사　　　　　125
11. 장제스를 만나다　　　　　　　　　　139
12. 독립은 되었지만　　　　　　　　　　150
13. 조국으로 돌아오다　　　　　　　　　161
14. 오직 통일된 조국을 꿈꾸며　　　　　173
15. 선생님 가셨는데 우리가 무슨 말 하오리까　187

1. 출생과 유년기

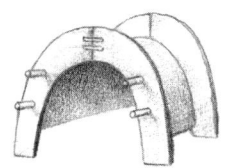

"아직도 소식이 없어요?"

"벌써 이레가 지났는데, 저러다 산모가 죽는 거 아닌가 모르겠군."

"진통을 저렇게 오래 하다니……, 쯧쯧."

백운방 텃골의 한 오두막에서는 사람들이 모여 걱정을 하고 있었다. 황해도 해주에서 서쪽으로 70리 가량 떨어진 곳이었다. 가난한 농촌이었다.

남편인 김순영은 아내가 제발 순산하여 아들을 낳아 주기만을 빌고 있었다.

"이제 하는 수 없다. 모든 방법을 다 썼는데도 안 되니 순영이가 지붕에 올라가야겠다."

집안 어른들은 강제로 김순영에게 소의 길마(짐을 싣기 위하여 소의 등에 안장처럼 얹는 도구)를 씌웠다. 지붕에 올라가서 소 울음소리를 내라는 것이었다. 전해 오는 미신 같은 것이었지만 김순영은 그렇게라도 하지 않을 수 없었다.

김순영은 집안이 너무 가난하여 스물네 살에야 겨우 결혼을 했다.

현풍 곽씨 집안의 딸이었다. 이름이 낙원인 신부는 겨우 열네 살, 너무 어린 나이였다.

3년 만에 아내는 임신을 했다.

"푸른 가시가 돋친 밤송이 속에서 붉은 밤 한 톨을 얻어 잘 보관했어요."

아내는 부끄러워하며 태몽을 꾼 이야기를 했다.

푸른 가시 속의 밤 한 톨. 어쩌면 그것은 아기의 앞날이 험난할 것을 예고하는 것일지도 몰랐다.

김순영이 지붕에 올라가 소 울음소리를 내자 흡사 그 방법이 효과 있는 것처럼 아기가 태어났다. 1876년(고종 13년) 음력 7월 11일 자시였다.

부모는 아기 이름을 창암(昌巖)이라고 지었다. 이 아기가 바로 백범이다.

아기는 태어났지만 산모는 잘 먹을 수가 없어 젖이 모자랐다. 암죽을 먹이고 동네로 다니면서 동냥젖을 먹이지 않으면 안 되었다.

창암은 암죽과 동냥젖을 먹으면서도 잘 자랐다. 그러나 네 살 되던 1879년 천연두에 걸리고 말았다.

의원에게 갈 돈도 없는 살림이었다.

어머니는 창암의 얼굴에 돋은 고름을 죽침으로 빼냈다. 부스럼을 앓을 때 쓰는 방법이었다.

잘 먹지 못했지만 타고나기를 강한 체질이었는지 창암은 살아났다.

그러나 목숨을 건지고 나온 창암의 얼굴에는 굵은 마마 자국이 남게 되었다. 사실 굵은 마마 자국 같은 건 문제가 아니었다. 부모는 다만 살아 준 것만 고마울 뿐이었다.

창암이 다섯 살 되던 해였다.

온 집안이 강령 삼거리로 이사를 했다. 친척들과 같이 간 이사였지만 창암의 집은 아주 외따로 떨어진 곳이었다. 뒤에는 산이 있고 앞에는 바다가 있었는데 어떤 때는 집 앞으로 호랑이가 지나가기도 했다. 그런 환경이 창암을 대담하고 용기 있는 어린이로 자라게 했을 것이다. 비록 가정 살림이 어려워 잘 먹진 못했지만 그는 힘도 세었다.

어린 시절, 창암은 장난도 심한 편이었다.

한번은 아버지가 엽전 스무 냥을 이부자리 밑에 넣어 두는 것을 보게 되었다. 심심했던 창암은 그 돈을 꺼내 허리에 감고 놀았다. 그러다가 동구 밖 거리에 가서 떡이나 사 먹어야겠다고 생각하고 집을 나섰다.

집 앞을 지나가던 집안 할아버지는 어린 창암이 엽전을 허리에 감고 바삐 가는 것을 보고 깜짝 놀랐다.

"너 어디 가니?"

"떡 사 먹으러 가는데요."

천연덕스러운 창암의 대답에 할아버지는 어이없다는 얼굴로,

"뭐라고? 너 아버지 보면 맞아 죽는다."

하며 돈을 빼앗아 아버지에게 가져다주었다.

창암은 돈을 빼앗겨 떡을 사 먹지 못한 것만 화가 나서 툴툴거리며 집으로 돌아왔다. 그런데 뒤따라 온 아버지는 창암을 빨랫줄로 꽁꽁 묶어서 들보에 매달고 회초리로 때리기 시작했다. 창암은 악을 쓰고 울었지만 어머니도 밭에 나가고 계시지 않아 누구도 말려 줄 사람이 없었다.

그때 마침 장련 할아버지가 지나가다 창암의 우는 소리를 듣고 집으로 들어왔다.

"아이를 죽일 셈이냐?"

할아버지는 창암을 풀어 주고 아버지에게서 회초리를 빼앗아 아버지의 머리와 다리를 마구 때렸다.

장련 할아버지는 아버지와 동갑이었지만 아버지에겐 아저씨였으므로 아버지는 대들지 못했다. 그것이 창암은 고소하고, 장련 할아버지가 고맙기만 했다.

장련 할아버지는 창암을 업고 나가 참외와 수박을 사서 실컷 먹여 주고는 할아버지 집으로 데리고 갔다. 그때 창암은 여러 날 할아버지 댁에 있다가 집으로 돌아왔다.

창암은 호기심도 많은 어린아이였다.

그날은 장마비가 그친 후여서 길에는 크고 작은 시내들이 만들어져 졸졸 흐르고 있었다.

"이 시내에 물감을 풀면 멋질 거야."

창암은 어머니가 아껴 두었던 물감을 꺼내 두 줄기의 시내에 빨강 물감과 파랑 물감을 풀었다.

 한쪽에선 예쁜 빨강 물이 되어 졸졸 흐르고 한쪽에선 파랑 물이 되어 졸졸 흐르는 모습은 보기에 참 좋았다. 더욱이 두 물줄기가 합해진 곳에는 물감이 섞여 너무 신기하고 재미있었다.

 이때 어머니가 집에서 나오지 않았으면 창암은 그 아까운 물감을 다 버렸을 것이다.

 "창암아, 너 지금 뭐 하고 있는 거냐?"

 "이것 좀 보세요. 굉장하지요?"

 "아니, 이게 무슨 짓이냐? 이 아까운 물감을 버리다니……."

 한동안 어머니는 벌린 입을 다물지 못했다. 그날 창암이 집으로 끌려 들어가서 어머니에게 매를 맞은 것은 물론이다.

 사형제 중 둘째인 아버지는 겨우 이름 석 자를 쓸 줄 아는 사람이었다. 그는 허우대가 크고 성격이 소탈했으며 술을 좋아했다. 그런데 술을 많이 마시면 같은 마을에 사는 양반인 강씨나 이씨를 때리곤 해서 일 년에도 몇 차례씩 해주 감영에 잡혀가 갇히곤 했다. 어떤 때는 죽도록 맞은 집 가족들이 맞은 사람을 안방에 두고 아버지에게 보상하라고 고함을 지르는 일도 있었다.

 "이게 다 술 때문이다. 만일 창암이 너마저 술을 좋아한다면 나는 자결을 할 테다."

 어머니는 몇 번씩이나 창암에게 이르곤 했다. 창암은 이 말을 가슴

깊이 새겼다.

그러나 아버지의 이런 행동은 술 때문만은 아니었다. 아버지는 의협심이 강한 사람이어서 양반이라고 거드럭거리는 사람을 그냥 보고 있지를 못했다. 창암이 일곱 살 되던 해, 그의 가족은 다시 해주 텃골로 돌아왔는데 부근의 양반들은 아버지를 무서워하고 미워했다.

"김순영은 달래는 게 더 나아. 그에게 도존위라는 벼슬자리 하나를 주자. 그러면 양반들을 덜 괴롭힐 거야."

양반들은 그를 두려워해 울며 겨자 먹기로 도존위라는 벼슬자리를 주었다. 도존위는 지금의 면장과 같은 직위였다.

아버지는 도존위 일을 해도 양반에게는 가혹했고 상민에게는 후했다. 세금을 거둘 때도 양반에게서는 용서 없이 받아냈지만 돈 없는 상민들의 세금은 오히려 대신 내줄 때도 있었다. 그래서 그는 양반들의 미움을 받아 이 직책을 맡은 지 3년도 안 되어 공금을 축냈다는 이유로 그 자리에서 밀려났다.

양반을 미워하는 성품과 아버지의 의협심, 정의감이 창암에게 이어진 것일까? 자라면서 창암은 같은 마을의 강씨나 이씨를 미워했다. 그들에게 업신여김과 천대를 받는 것이 너무 억울하고 분했던 것이다.

더욱이나 창암은 결코 잊을 수 없는 뼈아픈 일을 겪었다.

집안의 문중에 혼인하는 집이 있었는데, 일가 중 할아버지 한 분이 서울에서 사다가 간직해 둔 관(冠)을 쓰고 새 사돈을 맞이했다. 그런데 그 광경을 본 어떤 양반 하나가,

"아니 상놈 주제에 관을 쓰다니."

하며 할아버지가 쓴 관을 벗기고 산산이 부서뜨린 일이 바로 그것이었다. 이 일 후로 김씨 문중에서는 다시는 관을 못 쓰게 되었다.

이 일은 창암에게 큰 상처와 분노를 주었다.

"아버지, 왜 우리는 상놈이 되었나요? 왜 강씨나 이씨 집안들은 양반이 된 거예요?"

"사실 우리 집안도 처음부터 상놈은 아니었다."

그의 집안은 족보상으로는 양반이었다. 그것도 한때 큰 권세를 누렸던 가문이었다.

"우리 집안의 시조는 익원공이다. 이분은 충렬공 김방경의 현손이시지."

고려 명장인 충렬공 김방경은 경순왕의 8대 손이었다. 그러므로 창암의 집안은 신라 경순왕부터 헤아리면 33대 손이었다. 그러나 조선 시대 인조 때에 삼정승을 지낸 김자점이 청병을 끌어들였다는 역모 죄로 효종 때에 사형을 당한 것이 문제였다. 그 당시 역모 죄는 멸문을 하고 여자들은 종으로 삼았다.

"멸문의 화를 피하기 위하여 우리 11대 선조가 신분을 감추고 아무도 모르는 해주의 텃골로 피신하여 살게 되었단다. 살기 위해서는 농사일을 해야 했지."

한 평의 땅이 없는 그는 임야를 개간하면서 생계를 꾸려 나갔다.

조선 시대에는 가난한 사람들을 위한 균역전이란 땅이 있었다. 나

라에서 무상으로 땅을 빌려 주는 대신 난리가 일어나면 그 땅을 지어 먹던 사람이 병역에 나가야 하는 제도였다.

"그 땅을 일구게 되면서 우리 선조는 영원히 벗어날 수 없는 상놈이 되어 버린 것이다."

아버지는 창암에게 집안의 내력을 이야기해 주면서 강씨나 이씨들이 원래부터 대단한 집안이 아니라, 다만 집안에 진사가 몇이 나서 양반 행세를 하게 된 것이라고 설명해 주었다.

'그렇다면 나도 과거에 급제하여 양반이 되겠다. 우리 집안을 다시 양반으로 만들겠다.'

창암은 이를 악물었다.

'양반들로부터의 모욕과 천대, 멸시를 벗어나려면 과거에 급제해야 한다.'

2. 과거를 준비하다

창암은 이를 갈며 글공부를 했다.

이미 9세 때에 국문을 익혀 이야기책을 읽고 어깨 너머로 천자문도 배웠지만 그 정도로는 만족할 수 없었다.

"아버지, 저는 공부를 많이 해서 양반이 되겠어요. 글방에 보내 주세요."

아버지는 공부를 하겠다는 창암이 기특했으나 주저하지 않을 수 없었다. 창암이 사는 동네에는 서당이 없어 이웃 동네 양반네 서당으로 가야 하는데, 그곳에서 창암을 받아 줄 리가 없었다. 설사 받아 준다 하더라도 양반 자식들 등쌀에 견뎌 낼 것 같지 않았기 때문이다.

'나도 못 배운 것이 한인데, 저 녀석만은 가르쳐야지. 더구나 제가 배우겠다는데……. 무슨 좋은 방법이 없을까?'

그러나 창암을 공부시킬 좋은 방법이 쉽사리 떠오르지 않았다.

그러다 마침내 한 묘책이 떠올랐다. 서당을 만들어야겠다고 생각한 것이다.

'우리 동네 아이들과 이웃 동네 상놈의 아이들을 모으면 되겠지. 이

동네에 상놈을 위한 글방을 새로 만들면 되는 거야.'

그 무렵 이웃 청수리에 이 생원이라는 학자가 있었는데, 지체는 양반이었지만 글이 얕아서 양반 서당에서는 데려가지를 않았다. 아버지는 그 이 생원을 선생님으로 모시고 글방을 새로 차리기로 했다.

이 선생이 창암의 집에 오는 날, 창암은 머리 빗고 새 옷을 입고 아버지를 따라 마중을 나갔다.

"창암아, 선생님께 절하여라."

창암은 선생님께 절을 하면서 공부를 열심히 하여 꼭 과거에 급제하리라고 결심을 하였다.

서당은 창암이네 사랑방이었다. 식사도 창암이네 집에서 맡았다. 아버지는 창암의 공부에 그만큼 열성이었다. 창암도 아버지에 질세라 열을 내었다. 새벽이면 일어나 선생 방에 나가서 그날 공부할 것을 미리 배워, 밥그릇 망태기를 메고 먼 데서 오는 글동무들을 가르쳤고, 밤에는 어머니가 보리 찧는 것을 도우면서 낮에 배운 것을 외었다.

학생들이 불어나자 창암이네 사랑방은 글방으로는 비좁아졌다. 그래서 석 달 만에 글방은 고개 너머 신 존위네 집으로 옮기게 되었다. 창암은 밥그릇 망태기를 메고 고개를 넘어 글방을 가야 했다.

"편하게 집에 앉아서 공부하다가 멀리 다니려니 힘들지 않느냐?"

아버지의 물음에 창암은 고개를 저었다. 힘들기는커녕 즐겁기만 했기 때문이었다.

창암은 고개를 넘어 다니면서 그냥 걷는 일이 없었다. 그의 입에서는 글 외는 소리가 끊이는 일이 없었다.

　선생인 이 생원은 그런 창암을 귀여워했다.

　"넌 총명한 아이라 반드시 크게 될 것이다."

　창암도 이 생원을 좋아하고 존경했다.

　글방에서는 어느 기간이 끝나면 강(講)이라는 시험을 보았는데, 강은 어른 앞에서 그 동안 배운 것을 외우는 것이었다. 그 강 시험 때 창암은 언제나 일등이었다.

　그런데 한번은 이 생원이 넌지시 창암에게,

　"네가 늘 우등을 하였으니 이번에는 네가 글을 일부러 못 외는 것처럼 하고 내가 물어도 대답을 말고 모른 체하여라."

하고 부탁을 하였다.

　그래서 그날은 신 존위의 아들이 장원을 했다. 신 존위는 아들이 장원을 하자 신이 나서 닭을 잡고 술상을 차렸다.

　하지만 얼마 후 신 존위는,

　"그 양반은 너무 밥을 많이 먹어."

하면서 이 생원을 내쫓았다. 그것은 핑계에 불과했다. 신 존위는 자기 아들보다 공부를 잘하는 창암에게 샘을 냈고, 이 생원이 늘 창암을 칭찬하는 것을 못마땅해했다.

　그래서 창암은 이 생원과 헤어지지 않으면 안 되었다.

　창암에게 이 일은 큰 충격이었다. 이 세상에 태어나서 처음 겪는 슬픈 일이었다.

이 생원이 떠나고 며칠 동안 창암은 먹지도 않고 울기만 했다.

글방은 곧 떠돌이 선생을 한 분 모셔다가 공부를 계속하기는 했지만 창암은 공부를 계속할 수 없게 되었다. 아버지가 갑자기 온몸이 마비되어 자리에 눕게 되었던 것이다.

창암은 아버지 옆을 떠날 수가 없었다. 아버지의 손과 발이 되어야 했던 것이다.

가뜩이나 어려운 살림이었다. 아버지의 약값과 치료비로 살림은 더욱 쪼들렸다. 서당에 갈 형편이 아니었다.

창암과 어머니의 극진한 간호로 아버지는 병은 나았으나 몸의 절반은 마비된 상태였다. 그나마 아버지의 목숨을 건진 것만이 다행이었다. 돈이 없으니 유명한 의원을 부르는 것은 아예 불가능한 일이었다.

"아무래도 문전걸식을 하면서라도 이름 높은 의원을 찾아가 병을 고쳐야 할 것 같다."

집은 물론 밥솥까지도 다 팔아 치우고, 부모님은 집을 떠나 무전여행을 나섰다. 창암은 백모 댁에 맡겨졌다.

창암에게는 어린 시절부터 친한 말동무도, 같이 놀아 줄 친구도 없었다. 이런 외로움이 어린 창암을 말이 없고 생각 깊은 아이로 성장하게 했는지도 모른다.

창암은 백모 댁에서 종형들과 같이 산허리, 밭두렁으로 다니면서 세월을 보내야 했다. 그러다가도 부모가 그리워 견딜 수가 없으면 여행하는 부모님을 따라서 신천, 안악, 장견 등지로 돌기도 했다. 그러나 병을 고치려고 이곳 저곳 돌아다니는 부모님에게 창암은 짐이었다.

창암은 다시 장련의 육촌 친척집에 맡겨졌다. 어린 나이였지만 창암은 주인과 같이 구월산으로 나무 베러 가야 했다. 어린 창암이 나뭇짐을 지고 다니면 나뭇짐이 혼자서 걸어 다니는 것같이 보였다. 그 일은 너무 고통스러웠다. 그러나 더 고통스러운 것은 동네에 큰 서당이 있어서 밤낮없이 글 읽는 소리가 들려올 때였다. 그때마다 창암은 슬픔을 느껴야 했다.

그래서 아버지가 창암이 있는 곳을 지나게 되었을 때 창암은,

"아버지, 고향에 가서 공부하고 싶어요. 이제 고향에 돌아가요."

하고 졸랐다.

"그래. 고향으로 돌아가자. 나도 이제 한쪽 팔다리는 쓸 수 있으니

뭐라도 해서 너 공부 하나 못 시키겠니."

아버지는 그렇게 공부를 하고 싶어하는 창암을 기특하게 여겼는지 고향으로 돌아가자고 말했다.

돌아온 고향엔 아무것도 없었다. 그러나 친척들이 조금씩 모아 살 곳과 식량을 마련해 주었고, 창암은 그렇게도 가고 싶었던 서당에 갈 수 있게 되었다. 하지만 책은 빌려서 읽었지만 붓이나 먹 같은 것을 살 돈이 없었다.

어머니는 남의 집에 김을 매주거나 길쌈을 하여 창암의 먹과 붓을 사 주었다.

"어머니, 고맙습니다."

창암은 어머니가 사 준 먹과 붓을 가슴에 품고 꼭 과거에 급제하리라고 다짐하고 또 다짐하였다.

드디어 1892년에 해주에서 경과(慶科)가 열렸다. 경과란 나라에 기쁜 일이 생겼을 때 임시로 실시하는 과거였다. 그런데 이 경과가 우리나라에서 열린 마지막 경과가 되었다.

창암은 종이 살 돈이 없어서 쓴 종이에 여러 번 연습을 하여 아예 연습 종이가 흑지가 되어 버렸다. 또 과비도 마련하지 못해 좁쌀을 등에 진 채 해주로 가서 아버지가 잘 알고 지내는 집에서 머물면서 과거를 치러야 했다.

과거장에는 별의별 사람이 다 모여 좋은 자리를 차지하려고 법석을 떨고 있었다.

"나는 이번 과시에서 떨어지면 끝장이야. 나이 칠십이 넘었는데 어떻게 또 과시를 치를 수 있겠나."

하며 초시라도 되면 죽어도 한이 없겠다고 소리치는 사람도 있었다.

창암은 부푼 꿈을 안고 과거를 보았으나 곧 실망하고 말았다.

세력 있고 재산 있는 사람들은 모두 글 잘하는 사람들을 데려와 대신 시험을 보게 하였다.

또한 권세 있는 사람의 편지를 가져와 시험관에게 주거나, 기생을 통하여 비단을 몇 필씩 주는 사람도 있었다.

알고 보니 급제할 사람은 이미 정해져 있는 것이다.

창암은 기가 막혔다. 실망감과 불쾌함으로 견딜 수가 없었다.

"아버지, 제가 이번 과장에서 보니 비관되는 게 한두 가지가 아닙니다. 제가 공부를 해서 벼슬길에 올라 이가, 강가의 압제에서 벗어날까 했더니 돈이 있어야 급제한다니 이제 공부는 그만두겠습니다."

"네 말이 맞다. 그러니 풍수 공부나 관상 공부를 해 보아라. 풍수에 능하면 명당에 조상을 잘 묻어 자손이 복을 누리게 되고, 관상을 잘 보면 선인 군자를 만나게 되지 않겠니?"

아버지는 창암에게 〈마의상서(麻衣相書)〉 한 권을 빌려다 주었다.

창암은 두문불출하고 거울을 앞에 놓고 얼굴을 비춰 보면서 석 달 동안 관상에 관한 것을 공부했다.

그런데 자신의 얼굴을 관찰한 결과 관상이 아주 좋지 않다는 것을 알게 되었다. 창암은 실망하였다.

그러나 '상이 좋은 것이 몸이 좋은 것만 못하고, 몸이 좋은 것은 마음이 좋은 것만 못하다.'는 글귀를 보고 상이 좋은 사람보다는 마음이 좋은 사람이 되어야겠다는 생각을 하게 되었다.

'이제부터는 마음을 가꾸는 사람이 되겠다. 내적 수양을 해야 사람 구실을 할 수 있겠다.'

그 동안은 공부를 잘해 과거를 보고 벼슬을 하여 천한 신분을 벗어보겠다는 것만이 목표였는데, 창암은 그것이 허영과 망상인 것을 깨닫게 된 것이었다.

창암은 관상에 관한 책은 덮고, 대신 병서(兵書)인 〈손무자〉, 〈오기자〉, 〈삼략〉, 〈육도〉 등의 책을 읽기 시작했다. 이해할 수 없는 곳이 많았지만,

泰山覆於前 心不妄動 (태산복어전 심불망동)
태산이 앞에서 무너져도 마음은 결코 흔들리지 않는다.

與士卒同甘苦 (여사졸동감고)
사졸과 고락을 함께 한다.

進退如虎 (진퇴여호)
진퇴의 빠르기가 호랑이와 같다.

知彼知己 百戰不敗 (지피지기 백전불패)
적을 알고 나를 알면 백 번 싸워도 지지 않는다.

등의 구절을 소리를 내어 읽곤 했다.
그렇게 병서를 큰 소리로 읽으며 1년을 보내면서 틈틈이 일가 아이들을 모아 훈장 노릇을 하기도 했다.
이때 창암의 나이 열일곱 살이었다.

3. 동학교도가 되다

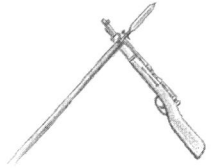

    1893년 정초, 창암은 목욕하고 새 옷으로 갈아입은 뒤 집을 나섰다. 동학교도인 오응선을 찾아가려는 것이다.
    언제부턴가 동학교도들은 도술을 부린다는 소문이 나돌았다.
    "금세 있던 자리에서 연기처럼 사라진대요."
    "충청도에 사는 최도명이라는 선생에게서 도술을 배웠는데, 매일 밤 새처럼 날아가서 도를 배우고 온답니다."
    "글쎄 손을 대지 않고 문도 열었대요."
    19세기의 우리 나라는 한마디로 어수선했다. 백성들은 그 동안 지배해 온 지배 체제에 대한 불만이 가득 차 있었다. 그뿐이 아니었다. 서구 세력의 무력 위협에 대해서도 불안해했고, 갑자기 밀려오는 종교나 사상에 대해서도 불안해했다. 하지만 조정에서는 무엇 하나 백성들의 마음을 편하게 해 주지 못했다.
    이러한 때 동학이 일어났다. 철종 때에 수운 최제우에 의해서였다. 인간 평등주의를 기본 교리로 내세운 동학은 백성들의 호응으로 빠르게 성장했다.

"정말 그들이 주장하는 대로 실제 생활도 그렇다는 말인가? 그렇다면 그들을 만나보겠다."

창암은 호기심이 나서 오응선을 만나 보고 싶었다. 그 동안 그는 비린 생선이나 누린 고기 같은 것을 입에 대지도 않았다. 그렇게 해야만 접대를 한다는 소문을 들었기 때문이다.

오응선의 집 앞에 가니, 안에서는 책 읽는 것 같기도 하고 노래 부르는 것 같기도 한 소리가 들려왔다. 창암은 괜히 그 소리에 마음이 정돈되는 것 같은 느낌을 가졌다.

창암은 오응선을 만나 공손히 절을 했다. 그러자 오응선도 공손히 맞절을 했다. 창암은 오응선이 맞절을 하자 당황했다.

"저는 나이도 어리고 상것인데 맞절을 하시다니요?"

그러자 오응선은,

"사람에게 빈부귀천이 어디 있단 말입니까? 사람은 누구나 평등합니다. 그런데 어쩐 일로 이 사람을 찾아왔소?"

하고 겸손한 태도로 물었다. 창암은 그 태도에 다시 한 번 놀랐다.

"부디 동학에 관해 가르쳐 주십시오."

창암의 말에 오응선은 반가워하면서 친절하게 동학에 관해 설명을 해 주었다.

"사람들로 하여금 크게 깨닫고 새사람이 되게 해서 새로운 국가를 건설하려는 것이 동학의 참뜻이지요."

창암은 오응선이 설명하는 그 동학의 교리에 마음이 끌렸다. 더욱

이나 평등주의에 깊은 감동을 받았다.

'상놈의 한을 풀 수 있는 사상이로구나.'

창암은 집으로 돌아와 아버지에게 오응선을 만나 알게 된 동학에 대한 기본 교리와 내력을 자세히 설명했다.

"저는 동학교도가 되겠습니다."

1893년에 창암은 동학교도가 되어 평등주의 길을 걷게 되었다. 아버지도 곧 입도했다.

창암은 새로운 마음을 갖기 위해 이름을 창수(昌洙)로 바꾸었다.

창수는 다른 사람보다 몇 배나 더 열심히 교리를 배우고 익혔다. 동시에 이리저리 다니면서 사람들을 동학으로 끌어들였다. 그래서 동학에 들어간 지 몇 달 되지 않아 연비(포교하여 얻은 사람)가 수백 명에 이르러 '아기 접주'란 별명까지 얻게 되었다.

이듬해 1894년, 동학의 2대 교주인 최시형이 황해도에 있는 신도들의 명단을 적어 올리라는 통보를 보냈다.

"명단을 가지고 직접 교주를 찾아갈 신도를 황해도에서 15명 뽑을 것이오. 그들은 접주로 임명장을 받게 되오."

물론 그 15명 중에 창수도 끼었다. 그래서 그는 대도주 최시형이 있는 충북 보은으로 갔다.

창수가 본 해월 최시형은 소탈하고 온화한 사람이었다. 최시형이 검은 갓을 쓰고 동저고리를 입은 채 일을 하는 모습은 창수에게 깊은 인상을 주었다.

그런데 그때 놀라운 소식이 전해졌다.

전라도 고부에서 접주 전봉준이 군사를 일으켰다는 소식이었다.

전봉준은 전라북도 태인 사람이었다. 전봉준이 어릴 때, 전봉준의 아버지는 삽과 곡괭이를 든 농민들을 이끌고 관청으로 쳐들어갔다. 군수가 백성들의 재물을 빼앗으며 못살게 굴었기 때문이었다.

그러나 관군에 비해 그들의 힘은 너무 약했다. 많은 농민들이 죽고 전봉준의 아버지도 모진 매를 맞고 풀려난 뒤 세상을 떴다.

어린 전봉준은 아버지의 비참한 죽음을 보고 굳게 다짐했다.

'썩은 관리를 몰아내고 농민이 잘사는 세상을 만들겠다.'

1888년에 전봉준은 동학에 들어갔다. 그는 농민들에게 새로운 세상이 곧 열릴 것이라는 희망을 주었다.

그런데 새로 부임한 고부 군수 조병갑은 그 어떤 관리보다도 더 나쁜 사람이었다. 온갖 구실을 다 만들어 농민들의 돈과 곡식을 빼앗아 자기 욕심을 채웠다.

참다 못한 전봉준은 1894년 1월에 농민과 동학도를 이끌고 고부 관청을 습격했다. 전봉준이 관청을 습격한 사건은 동학을 탄압하는 구실을 주었다. 관가에서는 동학도를 잡아 가두고 모진 고문을 했다.

"어느 고을에서는 원이 교도를 잡아 가두고 그 재산을 빼앗았답니다."

최시형은 그 소식을 듣자 크게 노해서 소리를 쳤다.

"호랑이가 물려고 들어오면 가만히 앉아 죽을까, 참나무 몽둥이라도 들고 나서서 싸우지."

이 말은 동원령이나 마찬가지였다. 각 지방에서 올라와 명령을 기다리고 있던 접주들은 우 몰려 나가며 외쳤다.

"빨리 각 지방으로 돌아가 군사를 일으켜 썩어 빠진 벼슬아치들을 몰아냅시다!"

동학 농민 운동이 일어난 것이다.

전라도 고부를 시작으로 동학군의 세력은 충청도 각지로 뻗어 나갔다. 우리 역사상 가장 큰 농민 운동이 번지고 있는 것이다.

황해도 동학도들도 들먹들먹했다. 양반과 관리들의 압박으로 생활이 불안한데다 충청도, 전라도, 경상도로부터 호응해서 일어나라는 성화가 빗발 같았기 때문이다.

황해도의 열다섯 접주와 두목들은 모여서 의논을 했다.

"9월에 군사를 일으키되, 해주 죽산장에 모여 먼저 해주성을 치기로 합시다."

결정된 내용은 황해도 모든 동학도에게 전달됐다.

그 당시 창수는 팔봉산 밑에 살고 있었다. 그래서 접 이름을 '팔봉'이라 짓고, '팔봉도소'라고 크게 쓴 기를 만들었다. 또한 서양과 일본을 배척한다는 뜻의 '척양척왜' 넉 자를 써서 높이 달았다. 그러고는 신도들 중에 총을 가진 사람을 모았다. 그의 신도 중에는 포수가 많아 총기를 가진 사람이 7백여 명이나 되었다. 큰 군사였다.

마침내 거사 일이 되었다.

"먼저 해주성을 빼앗아 탐관오리를 없앱시다."

"왜놈들도 없애야 합니다."

이 무렵 우리나라에는 일본 사람과 일본 군사들이 많이 들어와 있었다. 일본은 우리나라를 집어삼키려는 속셈으로 우리 정부를 돕는다며 군대를 주둔시키고 있었다.

창수는 해주성을 치는 선봉장이 되었다. 평소에 병서를 많이 읽었고 그의 군사 중에 포수가 많아서였다.

창수는 '선봉'이라고 쓴 사령기를 들고 말을 타고 부대를 끌고 앞장을 서서 해주성을 향해 전진했다.

창수는 해주성 안에 아직 정부군이 도착하지 않았고 오합지졸인 수비군 2백 명과 왜병 일곱만 있다는 것을 알고 있었다.

"선발대로 하여금 먼저 남문을 습격하게 합시다. 그래서 성안의 군사를 그리로 쏠리게 한 다음 서문을 공격합니다."

그러나 첫 싸움은 실패하고 말았다. 동학군 역시 훈련이 되어 있지 않기는 마찬가지였기 때문이다. 왜병 서넛이 성 위에서 총을 쏘자 남문으로 향하던 동학교도들이 우우 도망하기 시작했다. 몇 명이 총에 맞아 쓰러지는 것을 본 총사령부에서도 당황해서 후퇴 명령을 내렸다. 그래서 맹렬한 공격을 시작했던 창수의 선봉대도 어쩔 수 없이 후퇴해야 했다. 창수는 해주에서 80리 떨어진 회학동으로 물러났다. 총기를 가진 군사 중에 낙오자가 없는 것이 다행스러웠다.

해주성 공략의 실패에서 창수는 커다란 교훈을 얻었다. 싸움에 이

기기 위해서는 잘 훈련된 좋은 군대가 있어야만 한다는 사실을 깨달은 것이다. 그래서 창수는 훈련된 군대를 만들기 위해 장교 경험이 있는 사람이 있으면 동학도이거나 아니거나 교관을 삼았다.

어느 날이었다. 두 낯선 사람이 창수를 찾아왔다.

"우리는 정덕현, 우종서라는 사람입니다. 접주 좀 만나 봅시다."

"제가 접주 김창수입니다. 어떻게 오셨는지요?"

"동학군이란 한 놈도 쓸 놈이 없는데, 들은즉 그대가 좀 낫다기로 한번 보러 왔소이다."

교만하기 이를 데 없는 태도였다. 옆에 있던 부하가 화를 내는 것을

창수가 오히려 꾸짖어서 밖으로 내보냈다.

"선생께서 이렇게 찾아 주셨으니, 좋은 계책이 있으면 제게 가르쳐 주셨으면 합니다."

"계책을 말해 준들 알아듣기나 하겠소? 동학 접주라는 자들은 공연히 호기만 살아서 선비들 알기를 우습게 아는데, 당신이라고 뭐 다르겠소?"

그들은 계속 빈정대기만 했다.

"이 접주가 다른 접주와 다를는지 선생께서 한번 가르쳐 보시면 알 일 아닙니까?"

창수는 더욱 공손하게 말했다. 그러자 그들은 창수의 손을 잡았다.

"과연 당신은 듣던 대로 다른 접주와는 격이 다르군요. 당신 같은 분이라면 우리가 웃어른으로 모시고 일을 해도 좋을 것 같습니다."

그들은 창수보다 열 살은 더 들어 보였는데도 그렇게 말했다.

"우리의 의견을 들어주십시오. 첫째, 군기를 정숙히 하고, 병졸에게도 경어를 써야 합니다. 둘째, 동학군이 총을 가지고 다니며 돈이나 곡식을 거두는 강도짓을 하지 않아야 인심을 얻을 것입니다. 셋째, 현명한 인재를 구해야 합니다. 넷째, 모든 군사를 구월산에 모아 훈련하십시오. 다섯째, 재령과 신천에 왜병이 사서 쌓아 둔 쌀 2천 석을 빼앗아 구월산 패업사에 쌓아 놓고 군량으로 씁시다."

듣고 보니 그들의 의견 모두가 중요한 내용이었다. 창수는 이 계획을 실시하기로 하고, 정씨를 참모로 우씨를 부관으로 하여 구월산으로 진을 옮길 준비를 했다.

그 무렵이었다. 신천 청계동 안 진사로부터 밀사가 왔다.

"안 진사라니, 안태훈에게서 말입니까?"

접장들은 깜짝 놀랐다. 그도 그럴 것이 글 잘하고 글씨를 잘 써 서울에까지 이름을 떨치고 있는 안태훈은 지략도 뛰어나고 재산까지 있어 조정의 대신들까지도 그를 가볍게 대하지 못했다.

동학 농민 운동이 일어나자 안태훈은 이를 토벌하기 위한 의병을 일으켜, 황해도 곳곳에서 동학군을 쳤다. 그래서 동학군은 그 이름만 들어도 두려워하고 경계하는 형편이었다. 그런데 그 안태훈이 밀사를 보내 온 것이다. 그의 맏아들이 바로 하얼빈에서 이토 히로부미를 쏘아 죽인 안중근이다.

창수는 정덕현에게 밀사를 만나라고 했다.

밀사는 다음과 같은 안 진사의 말을 전했다.

"그대의 동학군이 있는 회학동과 이곳 청계동은 불과 이십 리밖에 안 떨어져 있소. 그런데 만일 그대가 청계동으로 쳐들어온다면 나는 그대의 생명을 보장하기 어렵소. 서로 치지 않기로 밀약을 맺는 게 어떻겠소. 나는 인재를 잃는 것이 아깝소."

창수는 참모들과 의논한 끝에 안 진사의 의병과는 싸움을 피하기로 하였다. 어느 한쪽이 먼저 공격하지 않는 한 공격을 하지 않을 뿐만 아니라 어느 한쪽이 어려운 지경에 놓이면 서로 돕는다는 밀약을 맺은 것이다.

창수는 즉시 군사를 구월산으로 옮기고 재령과 신천에 있던 쌀을 패엽사로 옮겨다 놓았다. 매일같이 군사 훈련도 실시했다. 또한 군기도 엄하게 다스렸다.

"동학당이라 말하면서 민가에 폐해를 끼치는 일이 있어서는 안 된다. 그러한 자들은 엄벌에 처하겠다."

그러나 창수에게 큰 골칫거리가 생겼다. 같은 구월산에 진을 치고 있는 동학의 같은 접주 이동엽 때문이었다.

이동엽은 구월산 일대에서 가장 큰 세력을 지닌 접주였는데, 그의 군사는 노략질이 여간 심하지 않았다. 심지어 김창수 군사의 본진 가까이까지 침입하여 노략질을 했다.

창수의 군에서는 그들을 사정없이 체포해서 처벌했다. 그로 인해 이동엽과 사이가 아주 불편해질 수밖에 없었다.

더 걱정스러운 것은 창수의 군사 중에서 군기가 심한 것을 불평하는 자와 멋대로 노략질을 하고 싶은 자들이 이동엽 부대로 달아나는 일이 생기기 시작한 것이다. 이러다 보니 이동엽의 세력은 점점 커졌다. 그리고 동학군에 대한 백성의 원성도 날로 높아졌다.

정부군과 일본군이 해주를 점령하고 옹진과 강령의 난을 진정시킨 뒤 구월산으로 쳐들어온다는 소문도 퍼졌다.

창수는 참모 회의를 열었다.

"이대로 나아가다가는 좋은 세상을 만들어 보겠다는 꿈을 성취하기는커녕 노략질이나 일삼아 백성을 괴롭히는 못된 도둑 떼로 몰려

개죽음을 할 판이오. 나는 동학 접주의 칭호를 버리겠소. 그렇게 되면 군대 전부가 도둑질이나 일삼는 동학 도둑 떼라는 소리를 듣지 않게 될 것이 아니겠소?"

모든 참모들이 창수의 의견에 동의했다.

그런데 그해 섣달, 창수가 홍역을 앓아 패엽사에 누워 있는데 이동엽이 군사를 이끌고 쳐들어왔다.

어지러운 총소리, 비명 소리로 절 경내는 순식간에 싸움터로 변했다. 너무나 갑자기 습격을 받은 창수의 부하들은 싸워 보지도 못하고 달아날 수밖에 없었다. 앓아누워 있던 창수는 이동엽의 부하들에게 잡히고 말았다.

"김 접주에게 손을 대는 놈은 사형에 처한다!"

이동엽이 창수를 죽이지 못한 데는 이유가 있었다. 창수는 최시형에게 직접 접주의 임명을 받은 동학의 정통이었지만 이동엽은 임시로 접주가 된 사람이었기 때문이다. 이동엽은 나중에 화를 당할까 두려워 창수는 살려 둔 것이다.

소문대로 관군과 일본군이 동학군을 소탕하기 시작했다. 이동엽의 동학군도 소탕 작전에 크게 패하고, 이동엽은 붙잡혀 사형을 당했다.

황해도의 다른 동학군도 죽거나 흩어졌다.

고부에서 동학 농민 운동을 일으켰던 녹두장군 전봉준도 관군에게 잡혀 사형당하고 말았다. 동학 농민 운동이 끝내 실패하고 만 것이다.

창수는 몽금포 마을에서 석 달을 숨어서 살다가 텃골 집으로 돌아왔다. 그러나 텃골에 숨어 있는 것도 안전하지는 못했다.

창수를 찾아온 정덕현이 조심스럽게 의견을 내놓았다.

"청계동 안 진사에게로 가서 잠시 몸을 의탁합시다. 듣자니 그는 인재를 귀하게 생각하는 사람이라고 합니다."

"전쟁에 진 장수로 적군이던 안 진사에게 가 포로가 되자는 거요?"

"안 진사는 그런 사람이 아닙니다. 전에 밀사를 보냈던 것도 다 이런 경우를 생각하고 보냈던 것이 아닐까 하는 생각이 듭니다."

정덕현의 말이 그럴듯해서 창수는 청계동의 안 진사에게 찾아가 보기로 마음을 먹었다. 그러나 그렇게 작정을 했으면서도 그의 마음은 편하지 않았다.

상놈의 한을 풀기 위해 과거에 응시했지만 거기서 그는 정치의 부패만 맛보았다. 이제 새로운 뜻을 안고 동학에 참여했지만 또 실패를 맛본 것이다.

'그러나 나는 동학 혁명에서 많은 것을 배웠다. 참으로 많은 것을 깨달았다!'

4. 싹트는 애국심

1895년 2월, 창수는 청계동의 안 진사를 찾아갔다. 창수의 나이 20세였다.

"소식을 몰라 궁금했는데 이처럼 찾아와 줘서 반갑소. 이제부터 이곳에서 함께 지냅시다."

안 진사는 창수를 반갑게 맞아 주었다. 그뿐 아니라 창수의 부모를 모셔와 함께 살도록 모든 것을 마련해 주었다.

"내가 없을 때라도 읽고 싶은 책이 있으면 사랑에 와서 읽고 모인 손님들과도 이야기를 나누시오."

안 진사는 창수에게 자유롭게 그 집에 드나들라고 했다.

안 진사는 사람의 마음을 꿰뚫어 보는 듯한 눈빛의 소유자였다. 그래서 사람들은 그 앞에 서는 것을 어려워하였다.

그러나 품성이 소탈하여 무식한 사람이나 낮은 사람에게도 언제나 친절하고 공손했다.

안 진사에게는 세 아들이 있었다. 그 중에 큰아들이 중근이었는데 그때 16세였다.

중근이는 사격술이 뛰어났다. 나는 새와 달리는 짐승을 백발백중시킨다고 했다. 정말 어떤 날은 노루, 고라니 같은 것을 몇 마리씩 잡아 오기도 하였다. 그것을 가지고 군사들을 먹이기도 하였고 안 진사 가족이 다 모여 잔치를 하기도 하였다.

창수는 비록 가족은 아니었지만 안 진사의 특별한 초대로 늘 그 자리에 끼여 중근이가 잡아 온 들짐승, 들새들의 진미를 함께 맛볼 수 있었다.

청계동에 머무는 동안 창수는 고능선이라는 학문이 높은 학자를 만나게 되었다. 사람들은 그를 고산림(高山林) 선생이라고 불렀다.

안 진사가 청계동에 들어와 살게 된 것도 고능선의 권유에 의해서라고 하였다.

어느 날 고능선은 창수를 그의 집으로 초대했다.

고능선이 거처하는 사랑에는 책이 가득 쌓여 있고 벽에는 마음에 간직해야 할 좌우명들이 붙어 있었다.

"창수, 자네가 안 진사의 사랑에서 시간을 보내는 것도 도움이 되겠지만 내 보기에 자네는 정신 수양을 더 쌓아야 큰일을 할 수 있겠네. 그러니 날마다 내 사랑에 나와 책도 읽고 토론도 하세."

창수는 너무 기뻐 어쩔 줄을 몰랐다.

"저 같은 것을 가르쳐 주신다니 몸 둘 바를 모르겠습니다. 괜히 제가 누를 끼치는 것은 아닌지 걱정이 됩니다."

그러나 고능선은 즐겨 창수에게 많은 것을 일깨워 주었다.

"무슨 일을 하든지 의리를 지켜야 하네. 아무리 뛰어난 재능이 있다 하더라도 의리를 지키지 못하면 화근이 되네. 그리고 잊지 말게. 일을 해 나가기 위해서는 판단을 잘 하고 실행해야 하며 끝까지 해야 하네."

고능선은 창수에게 마음을 다해 가르쳤다.

창수는 아예 고능선의 집에서 살다시피 했다. 밤에는 주로 나랏일에 대한 토론을 했다.

"자네 청나라에 가 보지 않겠나? 작년에 청·일 전쟁으로 청나라가 패했으니 청나라도 인재를 구해 그들을 키우려 할 거야. 이럴 때 그들과 친해 두면 정보를 교환하며 배울 것도 많고 우리 나라를 위해

도움이 될 거야."

"저같이 어리석고 못난 사람이 무슨 도움이 되겠습니까?"

"자네 혼자라면 그렇지. 하지만 우리 동지들이 많으면 정계, 학계, 상업계 각 방면으로 들어가서 활동할 터이니 그런 뜻을 가진 사람이 많아지지 않겠나."

창수는 그 말에 주먹을 불끈 쥐었다.

'그래. 청나라에 가서 그들과 힘을 합쳐 나라를 구하자.'

그런 생각을 굳히고 있는데 청계동에 참빗 장수 한 사람이 참빗을 팔러 왔다. 이름이 김형진이었는데, 창수는 금방 그 사람이 단순한 참빗 장수가 아니라는 것을 알아냈다.

"우리 집에서 참빗을 산다고 했는데 우리 집에 갑시다."

집으로 데리고 가서 밤새 이야기를 나눠 보니 역시 그는 보통 참빗 장수가 아니었다.

"청계동 안 진사가 학문도 뛰어나고 인품도 뛰어나다는 소문이 있어 한번 보고 싶어서 왔소."

참빗 장수로 꾸미고 뜻이 맞는 동지들을 찾아다니는 사람이었던 것이다.

다음 날 고능선은 김형진과 대화를 나누어 보고는,

"우두머리가 될 사람은 아니지만 일을 성사시키는 재주가 있어 보이니 그와 함께 청나라로 가게."

하고 말했다.

창수는 참빗 장수 김형진과 함께 청나라를 향해 길을 떠났다.

잡동사니 물건을 파는 장사꾼으로 변장한 창수는 김형진과 압록강을 건너 중국 땅으로 들어갔다.

그해 8월에 명성 황후가 일본 사람의 손에 무참하게 살해되는 사건이 일어났다.

고종의 왕비인 명성 황후는 일본이 우리나라의 정치에 간섭하는 것을 싫어했다. 그래서 청나라의 힘을 빌려 일본의 세력을 몰아내려고 하였다. 이것을 안 일본이 불량배를 시켜 명성 황후를 죽인 것이다.

중국에서 이 소식을 들은 창수는 분해서 이를 악물었다.

"이놈들 두고 보자. 내 한 몸이 가루가 되어도 이 원수를 꼭 갚고야 말겠다!"

창수는 만주에 머무르던 중 김이언이라는 사람이 일본을 쳐부수기 위해 청나라의 도움을 받아 의병을 일으켰다는 소식을 듣게 되었다.

두 사람은 김이언과 합세하기로 했다.

김이언은 지략은 부족해 보였지만 힘이 장사였다. 나이가 50세인데도 오백 근 되는 대포를 쉽게 들어올렸다.

이미 그의 밑에는 만주 땅에 사는 포수와 총 가진 사람들이 3백 명이나 모여 있었다.

"국모가 왜놈 원수들에게 피살된 것은 국민 모두의 치욕이요, 참을 수 없는 일이오. 백성 된 도리로 우리는 의병을 일으켰소. 우리는 강계성에 들어와 있는 일본군을 공격해서 원수를 갚을 것이오."

창수와 김형진도 의병에 가담하여 포수를 모으는 일과 강계에 들어가 화약을 사 오는 일을 맡았다.

마침내 강계성을 습격하는 날이 왔다.

"강계성으로 가면 장교들이 우리를 도와준다고 했소. 그러니 성 입구에 있는 고산리 수비대를 쳐서 무기를 빼앗아 무기 없는 병사에게 나누어 줍시다."

창수는 김이언의 그런 작전이 위험하다는 판단이 들었다. 총 몇 자루를 얻기 위해 고산리를 친다는 것이 불안했다. 또한 강계 부대의 장교들이 도와준다고 했지만 과연 그들을 믿을 수 있을지 그것도 의심이었다.

"의병의 반은 청국 군대로 변장을 해서 곧바로 본대로 쳐들어갑시다. 질풍같이 쳐들어가면 뒤에 몇 명이 있는지 알지 못하니 당황할 것이오. 그 틈에 총공격을 하면 틀림없이 이길 것이오."

창수의 의견에 참모들은 찬성했지만 김이언은 자기 작전대로 하자고 고집을 부렸다.

끝내 김이언은 고산리를 습격해서 총을 빼앗아 무기가 없는 병사들에게 총을 나누어 주었다. 그것은 실수였다. 고산리에 의병들이 와서 총을 빼앗았다는 소식이 본대에 들어가자 강계의 수비 태세가 강해진 것이다. 거기다가 청국 군대와 내통이 되어 있다는 말에 도와주겠다고 했던 장교들은 청국 군대가 보이지 않자 슬그머니 물러나 버렸다.

이들만 잔뜩 믿고 있던 의병 부대는 수비대의 거센 공격에 그저 뿔

뿔이 도망치는 신세가 되었다.

"김이언은 믿을 만한 장수 재목이 아니오. 헛되이 따라다니다 개죽음을 당하겠소."

"형의 말이 맞소. 그는 다시 재기하기 어려울 거요."

창수와 김형진은 쫓겨 가는 김이언 부대를 따라가지 않고 강계성에서 가까운 쪽으로 피했다가 신천을 거쳐 청계동으로 돌아왔다.

창수가 없는 일 년 동안 청계동에는 많은 변화가 일어나 있었다.

슬픈 소식은 그가 존경하던 고능선의 맏아들 부부가 콜레라에 걸려 사망한 것이었다. 또한 그를 기쁘게 한 일도 없지 않았다. 그가 없는 사이에 고능선의 손녀와 약혼이 되어 있었다.

평소에도 창수의 됨됨이를 예사롭게 보지 않았던 고능선이 속으로 창수를 은근히 손자사윗감으로 점찍어 두었던 것이다. 그래서 창수의 아버지에게 자기의 손녀를 며느리로 맞는 것이 어떻겠느냐고 말을 내었다. 아버지는 문벌로 보나 창수의 용모로 보나 어찌 감히 그럴 수 있겠느냐고 사양했지만, 고능선이 간곡히 권하므로 마침내 약혼이 이루어진 것이었다. 그러나 얼마 지나지 않아 이 약혼은 어이없게도 깨어지고 말았다.

아주 오래 전에 창수의 아버지는 술자리에서 술김에 한 건달 친구와 말로 창수의 혼인을 맺은 일이 있었다. 그러나 그 혼약은 창수가 싫다 해서 없던 얘기로 치기로 서로 양해가 되어 있었다. 한데 그 건달은 창수가 다른 처녀와 혼약을 했다는 소문을 듣고 돈이라도 뜯어

낼까 하는 생각으로 고능선을 찾아와, 창수가 이미 자신의 딸과 혼인한 지가 오래라며 행패를 부린 것이었다.

혼약은 깨어졌다. 이것이 창수에게 준 충격은 컸다. 창수는 이미 그 처녀를 깊이 사랑하고 있었기 때문이다.

이 무렵 일본의 후원으로 정권을 잡은 김홍집 내각이 모든 제도를 급진적으로 고쳐 나가고 있었다.

그 법령의 하나로 단발령이 내려졌다. 단발령은 전 국민의 상투를 자르게 하자는 것이었는데, 백성들은 이 상투 자르는 일에 응하지 않았다. 그러자 곳곳에서 군사가 지켜 섰다가 지나가는 사람의 상투를 강제로 자르기 시작했다. 이에 백성의 반대가 더욱 거세어진 것은 물론이고, 여기저기서 단발령을 반대하는 의병이 일어났다.

사실 백성들은 유교의 가르침을 벗어나기 싫어 머리를 자르지 않겠다는 것이었지만, 한편으로는 그것이 일본이 시키는 일이라는 생각이 있었기 때문에 더 그랬다. 그러므로 단발령에 대한 반대는 곧 일본 세력에 대한 배척이기도 했다.

그래서 창수는 고능선에게 단발령에 반대하는 의병을 일으키자고 제의했다.

"참 장한 생각이네. 하지만 이런 중대한 일을 우리끼리만 결정할 수는 없으니, 안 진사에게 가서 상의하기로 하세."

창수와 고능선은 안 진사를 찾아갔지만 안 진사의 의견은 달랐다.

"의병을 일으킨다는 게 그렇게 쉬운 일이 아닙니다. 뿐만 아니라 일

본군은 청국 군사도 이겨 낸 막강한 군대입니다. 저는 시기를 기다려 볼 생각입니다. 사실 머리쯤이야 깎은들 무에 그리 큰일이겠습니까."

뜻밖의 대답에 창수와 고능선은 어안이 벙벙했다.

이때 안 진사는 천주교인이 되어 있었다.

모든 것을 하늘의 신의 뜻에 맡긴다는 안 진사의 대답은 고능선을 분노하게 했다.

"진사, 오늘부터 자네와는 인연을 끊네!"

고능선은 자리를 차고 일어섰다.

창수를 손자사위로 삼아 몸을 의탁하려던 꿈도 깨어지고 안 진사에게도 실망한 고능선은 청계동에 더 머물 뜻이 없다며 해주로 돌아가 버렸다. 창수도 구국의 꿈을 안고 다시 청국으로 가기 위해 청계동을 떠났다.

5. 투옥과 탈옥

1896년 2월에 창수는 청나라를 향해 다시 길을 떠났다.

평양을 지날 때만 해도 관헌들이 길목을 막고 행인들의 머리를 마구 자르고 있었다. 창수는 몇 번이고 주먹을 꾹 쥐면서 왜놈의 앞잡이 정부를 뒤엎겠다고 맹세했다.

그러나 안주에 오니 사정이 바뀌어 있었다. 단발을 중지하라는 영이 붙어 있었던 것이다.

이때 서울에서는 다시 큰 정변이 일어나 있었다. 단발령에 반대하며 전국적으로 일어난 의병을 진압하기 위하여 병력이 남한산성에 집결해 있는 사이, 러시아가 임금과 세자를 자기네 공관으로 피신시킨 것이다. 그러고는 김홍집 등 개혁파 정부의 각료들을 살해하고 개혁 정책을 중지했다. 이것을 '아관파천'이라 한다.

창수는 전국 방방곡곡에서 의병이 일어나고 있다는 소식을 들었다.

'사방에서 의병이 일어나고 있는데, 굳이 청나라까지 갈 필요가 없지!'

창수는 의병이 되려고 황해도 안악으로 발길을 돌렸다. 진남포에서 나룻배를 타고 치하포에 내려 배 주인의 집에서 하룻밤을 묵기로 하였다.

사람들이 가득 찬 비좁은 방에서 잠깐 눈을 붙이고 나니 새벽 밥상이 들어왔다. 눈을 비비면서 방 안을 둘러보던 창수는 머리를 짧게 깎은 사내 하나가 어쩐지 수상쩍게 느껴졌다.

그 사내는 옆 사람에게,

"나는 장연에 사는 정가입니다."

하고 인사를 하였다. 그런데 장연 사투리가 아닌 서울 말씨였다.

창수는 그 사내를 유심히 살펴보았다. 사내는 긴 두루마기를 입고 있었는데, 두루마기 아래로 칼집이 얼핏 보였다.

'저놈은 분명히 왜놈이다. 그런데 왜 저렇게 변장을 하고 있을까?'

장사를 하거나 공장을 하겠다는 일본 사람들은 떳떳이 일본 옷차림으로 다니는 것이 예사였다. 그 점이 아무래도 수상했다.

'그래, 뭔가를 조사하려는 염탐꾼이 틀림없어. 그렇다면……'

창수의 온몸에 뜨거운 피가 끓고 가슴이 뛰기 시작했다.

'저놈은 어쩌면 지난해에 명성 황후를 죽인 미우라인지도 모른다. 미우라가 아니면 어때. 왜놈은 모두 우리 민족의 원수이니, 내 오늘 저 한 놈을 죽여 조금이나마 백성으로서의 부끄러움을 씻으리라!'

창수는 속으로 다짐하며 기회를 노렸다. 이윽고 아침밥을 먹은 사내가 밖으로 나갔다. 창수는 바로 이때라고 생각하고 "이놈!" 하고 큰 소리로 외치며 사내에게 덤벼들었다.

까까머리 사내가 흠칫 놀라는 순간, 창수는 사내의 가슴을 걷어찼다. 사내가 짚단처럼 넘어지자, 창수가 그의 목을 밟으며 구경꾼들에게 외쳤다.

"이놈은 왜놈이다. 만일 이 왜놈을 살리려고 나에게 덤비는 자는 죽여 버리겠다!"

이때 사내가 급히 몸을 빼내더니 칼을 뽑았다.

창수는 얼굴을 향해 날아드는 칼을 재빨리 피하면서 발길로 사내의 옆구리를 힘껏 걷어찼다. 사내가 푹 고꾸라졌다.

창수는 사내의 칼을 빼앗아 그 칼로 사내의 목을 베었다. 사람들이 이 모습을 보고 벌벌 떨었다.

창수는 사내의 소지품을 뒤져 신분증을 꺼냈다.

"이놈은 왜놈 육군 중위 쓰치다라는 놈이오."

창수는 쓰치다가 지니고 있던 돈 8백 냥을 주인에게 건네며 말했다.

"이 돈에서 뱃삯을 떼고, 나머지는 가난한 사람들에게 나누어 주시오. 그리고 종이와 붓 좀 빌려 주시오."

창수는 주인이 가져온 종이에 이렇게 썼다.

국모의 원수를 갚으려고 이 왜놈을 죽였노라!
해주 백운방 텃골 김창수

창수는 이 글을 사람들이 많이 오가는 길목에 붙이게 하였다. 그리고 안악 군수에게 이 사실을 알게 한 다음 고향으로 돌아왔다.

아버지는 몸을 피하라고 했지만,

"국모의 원수를 갚은 일은 죄가 아닌데 왜 숨으라고 하십니까?"

하며 떳떳하게 죽기를 다짐했다.

그로부터 석 달이 지난 5월 11일 새벽이었다.

"애야, 우리 집 앞뒤를 보지 못하던 사람들이 둘러싸고 있구나."

어머니가 떨리는 목소리로 창수를 깨웠다. 그리고 그 말이 채 끝나기도 전에 철편과 철퇴를 든 순검과 사령들이 창수에게 덤벼들었다.

"네가 김창수냐!"

"그렇소. 내가 김창수임에 틀림없소. 한데 당신들은 무엇 하는 사람들이기에 이렇게 남의 집에 뛰어들어 요란을 떠시오?"

그 중의 하나가 손에 든 것을 내보였다. 구속 영장이었다.

창수는 쇠사슬에 꽁꽁 묶이는 몸이 되었다. 그는 30여 명의 순검과 사령에게 에워싸여 해주를 향해 걸어갔다.

이틀 후에 그는 해주 감옥에 갇혔다.

그러나 그가 첫 신문을 받은 것은 한 달이 넘어서였다.

황해 감사 민영철이 창수를 심문했다.

"네가 치하포에서 일본 장교를 죽였느냐?"

"난 그런 일 없소."

창수는 딱 잡아뗐다. 자신이 한 일을 온 세상에 알리려면 서울에서

재판을 받아야 된다는 생각에서였다.

"너는 일본 장교를 죽이고 8백 냥을 강도질했다. 바른대로 말해!"

"그런 일 없다잖소."

목에 큰칼을 찬 채 뜰에 꿇려졌으나 그의 목소리는 당당하고 우렁 찼다.

너무나 당당한 태도에 약이 오른 감사는,

"이놈! 증거가 있고 증인이 있는데 어찌 거짓말을 하는가!"

하며 펄펄 뛰더니 관졸들에게 창수의 주리를 틀라고 소리를 질렀다.

주리는 다리 사이에 막대기를 끼워 비틀던 가혹한 형벌이었다.

창수의 정강이는 이내 살이 터져서 뼈가 허옇게 드러났다. 그래도 창수는 입술을 악물고 대답을 아니했다. 마침내 그는 기절하고 말았다. 그제서야 형리들은 주리틀기를 멈추고 그의 얼굴에 찬물을 끼얹어 깨어나게 했다.

감사는 다시 같은 말을 물었다.

"나는 강도질한 일이 없소. 체포장을 보니 나는 정치범으로 되어 있었소. 이곳 관찰부에서 처리할 일이 아니니 내부로 보고해 주시오."

창수는 서울에 가기 전에는 일본 놈을 죽인 동기를 말하지 않기로 결심한 것이었다.

그로부터 두 달 후인 7월 초순, 인천 감리영에서 순검이 와서 그를 인천으로 데리고 갔다.

아버지는 창수의 옥바라지를 하기 위해서 집을 팔고 재산을 정리하러 일단 고향으로 되돌아가고, 어머니만이 인천까지 그를 따라갔다.

해주에서 나진포까지는 걷고, 거기서 인천 가는 배를 타게 되었다.

배 안에서였다. 7월 하순, 달도 없는 캄캄한 밤이었나. 순검들이 더위에 지쳐 잠든 것을 보고 어머니가 조그맣게 속삭였다.

"이제 가면 너는 왜놈의 손에 죽을 것이다. 차라리 저 맑은 물에 빠져 죽어서나마 모자가 함께 있는 것이 어떻겠느냐!"

그러나 창수는 자신 있게 말했다.

"저는 결코 죽지 않습니다. 제가 나라를 위하여 하늘에 사무친 정성으로 한 일인데, 어찌 하늘이 돕지 않겠습니까. 저는 분명히 안 죽습니다."

어머니는 처음에는 아무래도 믿어지지 않는다는 얼굴이었지만 아들의 말이 너무도 자신에 차 있으니까 마음이 놓이는 모양이었다.

"나는 네 아버지하고 약속했다. 네가 죽는 날이면 우리도 함께 죽자고."

창수는 인천 옥에 갇혔다. 처음에는 도둑으로 취급되어 여덟 명의 다른 도둑들과 함께 발에 채우는 형틀인 긴 차꼬에 채워졌다.

어머니는 크게 장사를 하는 집에 식모로 들어가 그의 옥바라지를 했다.

'나 때문에 어머니가 고생하시는구나.'

창수는 부모에게 불효하는 것이 가슴 아파 눈물을 흘렸다.

옥 속은 무덥고 더러웠다. 게다가 창수는 옥에 갇히자마자 장티푸스에 걸렸다. 그 고통은 이루 말할 수 없는 것이었다. 너무 고통스러워서 그는 이마에 손톱으로 충성 '충(忠)' 자를 새기고 허리띠로 목을 매어 자살을 기도하기까지 했다.

장티푸스에 걸려 보름 동안이나 먹을 것을 입에 대지 못해 기운이 빠질 대로 빠져 있을 때 그를 심문한다는 전갈이 왔다.

창수는 옥사장의 등에 업혀 심문장인 경무청으로 들어갔다.

심문이 시작되었다. 심문하는 경무관은 이름, 주소, 나이를 물은 뒤에, 몇 월 며칠 치하포에서 일본인을 죽인 일이 있느냐고 물었다.

"있소."

창수는 또렷한 목소리로 대답했다.

"그 일본인을 왜 죽였나? 재물을 빼앗을 목적으로 죽였다지?"

창수는 더욱 큰 소리로 대답했다.

"나는 국모의 원수를 갚기 위해 왜놈 한 놈을 때려죽인 일은 있지만, 재물을 빼앗은 일은 없소."

이 당당한 대답에 경무관은 곁의 다른 심문관들과 얼굴만 마주 볼 뿐 아무런 대꾸도 하지 못했다.

기회가 왔다고 생각한 창수는 온 힘을 다하여 큰 소리로 "이놈!" 하고 그 곁에 배석한 일본인 순사를 향해 꾸짖었다.

"이 개 같은 왜놈아! 통상하고 화친하자는 조약을 맺어 놓고서 그 나라 임금이나 왕후를 죽이라는 조문이 만국 공법 어디에 있더냐! 대답해라! 어찌해서 너희는 우리 국모 폐하를 죽였느냐! 내가 죽어서라도 이 원수를 꼭 갚아 우리 나라의 치욕을 씻고야 말겠다!"

경무청의 공기는 삽시간에 바뀌었다. 심문관 옆에 앉아 있던 그 와타나베 일본 순사는 겁에 질려 도망치듯 그 자리를 벗어나 버렸다.

"이 재판은 우리가 할 일이 아닌 것 같소."

심문관들은 상의한 끝에, 이 일은 너무나 중대한 사건이므로 최고 책임자인 감리사가 직접 심문해야 한다는 결정을 내렸다.

경무관이 앉았던 윗자리에 감리사가 나와 앉자, 창수는 심문이 시작되기 전에 감리사를 향해 말했다.

"나 김창수는 일개 백성으로서 국모 폐하께서 왜적의 손에 돌아가

신 나라의 수치를 그냥 보고만 있을 수 없어 왜구 한 놈이나마 죽여 작은 원수라도 갚으려 했지만, 국록을 먹는 높은 벼슬아치들이 수없이 있으면서 왜왕을 죽여 국모 폐하 원수를 갚았다는 소식을 아직 듣지 못했으니, 이 어찌 된 일이오?"

감리사, 경무관, 그 밖의 관리들은 얼굴을 붉힐 뿐 아무런 대답을 하지 못했다.

경무청에서는 창수가 단순한 강도범이 아님을 깨닫고, 그날부터 다른 방으로 옮겨 좋은 대우를 하였다.

창수의 의로운 행동이 알려지자 많은 사람들이 창수를 면회하고, 좋은 옷과 음식을 감옥에 넣어 주었다. 그를 출옥시키려고 논과 밭을 파는 사람도 있었다.

창수는 감옥 안에서도 글을 모르는 죄수들에게 글을 가르치고, 세계 여러 나라의 역사와 지리에 관한 책을 구해 읽었다.

1897년 7월 27일, '인천 감옥에 수감 중인 김창수를 오늘 사형에 처한다.' 는 기사가 신문에 실렸다.

기사를 읽은 창수는 이상하게 마음이 더 담담해지는 것을 느꼈다. 그래서 평상시와 다름없이 식사를 하고 죄수들과 이야기를 나누고 책도 읽었다.

인천 감옥에서는 언제나 오후에 사형을 집행하였다. 그런데 해가 저물도록 아무 소식이 없더니 저녁밥이 들어왔다. 창수는 저녁밥을 맛있게 먹었다.

밤이 이슥해서야 감방 문이 덜컹 열리며 간수장이 창수의 이름을 불렀다.

"김창수, 어디 있소?"

"나 여기 있소."

창수는 침착하게 대답하고 몸을 일으켰다. 조용히 사형장으로 갈 작정이었다. 그런데 간수장은 창수의 손을 덥석 잡더니 떨리는 목소리로 말했다.

"당신은 살았어요! 황제 폐하께서 특별히 죄를 용서하여 석방시키라고 했답니다."

"예?"

"국모의 원수를 갚은 사람이므로 그 죄를 용서하신다고 말씀하셨답니다."

"아아! 황제 폐하, 감사합니다!"

창수는 고종 황제의 특별 명령으로 사면되었지만 일본 공사인 하야시의 반대로 석방되지는 못하고 그대로 감옥에 갇혀 지내게 되었다.

'내가 석방되지 못하는 것은 왜놈 때문이다. 왜놈 때문에 감옥에서 죽을 바에야 탈옥해서 나라와 백성을 위해서 일하자.'

창수는 감옥에서 도망칠 마음을 먹고, 같은 감방에 있던 조덕근, 김백석과 함께 계획을 짰다.

조덕근이 돈 이백 냥을 마련하고 창수는 아버지에게 부탁하여 30센티미터쯤 되는 쇠창 하나를 구했다.

탈옥을 하기로 정한 날짜인 3월 7일, 어머니가 면회를 왔다. 창수는 어머니에게 탈옥 계획을 알리고 이렇게 당부를 했다.

"어머니는 아버지와 함께 오늘 밤 안으로 배를 타고 고향으로 내려 가십시오."

"알겠다. 꼭 성공해라."

어머니는 아들의 손을 꼭 잡아 주었다.

어머니와 면회를 끝낸 김구는 간수장을 불렀다.

"불쌍한 죄수들에게 음식을 실컷 먹이고 싶소. 이 돈 150냥으로 쌀과 고기와 술을 사다 주시오. 그리고 따로 25냥을 드릴 테니 술을 사서 마시도록 하시오."

"그거 좋은 생각이구먼."

간수장은 기뻐하며 돈을 받아 창수가 시키는 대로 하였다.

얼마 후 감옥에서 잔치가 벌어졌다. 죄수들은 흥겨워 떠들어 대고, 간수장은 창수가 준 돈으로 아편을 사서 피웠다.

창수는 슬쩍 마루 밑으로 들어가 쇠창으로 땅을 팠다. 한참 애쓴 끝에 밖으로 나갈 수 있는 구멍을 냈다.

창수는 밖으로 나가서는 감옥의 담을 넘을 수 있도록 담벼락에 줄사다리를 맨 다음 다시 감옥으로 들어왔다.

기회를 엿보던 창수가 눈짓을 하자, 조덕근을 비롯한 죄수들은 한 사람씩 마루 밑의 구멍으로 들어갔다. 맨 나중에 빠져나온 창수는 죄수들을 하나씩 담장 밖으로 넘겨 보냈다.

그런데 갑자기 비상을 알리는 호루라기 소리가 울리고, 간수들의 요란한 발자국 소리가 들렸다.

'이크, 들켰구나!'

창수는 눈앞이 아찔했다. 담장은 한 길 반이나 되는 높이인데, 줄사다리를 타고 어물거렸다가는 금세 붙들릴 판이었다.

그때 죄수들이 물통을 질 때 쓰는 기다란 장대가 눈에 띄었다. 창수는 장대를 짚고 몸을 공중으로 솟구쳐 담을 넘었다.

마침내 창수는 감옥을 탈출하는 데 성공했다. 인천 감옥에 갇힌 지 2년 만에 바깥 세상으로 나온 것이다.

6. 힘들게 얻은 짝

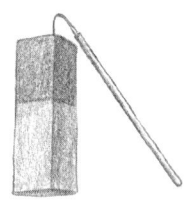

탈옥 이후 창수는 몸을 피하기 위하여 이리저리 떠돌아다녔다. 인천 감옥 안에서 함께 고생하던 사람들도 찾아갔다.

창수의 의기에 감복하여 꼭 찾아 달라고 부탁했던 사람들이었다. 그들은 창수를 마치 친형제를 만난 듯 반가워하면서 따뜻하게 대해 주었다.

전주를 지날 때는 참빗 장수였던 김형진 집을 찾아갔다가 이미 죽었다는 것을 알고 비통한 마음으로 그 집에 며칠 머물렀다.

1898년 어느 늦가을, 창수는 충청도 계룡산 갑사에서 점심을 사 먹고 있었다. 그런데 옆에서 같이 점심을 먹던 사람이 자기는 인생에 실패해서 방랑을 하고 있다면서 마곡사에 같이 가자고 청해 왔다. 그러더니 갑자기,

"사실은 이 세상에 더 볼 것도 없고 해서 마곡사에 가서 중이 되려고 합니다. 어떻소? 나와 함께 중이 되는 것이."

하고 말했다. 너무 갑작스런 제안에 창수는 바로 대답을 하지 못했다. 그러나 사실 창수도 그만 중이나 되어 버릴까 하는 생각을 할 때가 여

러 번 있었다.

　절에서 하룻밤을 자고 난 창수는 중이 되기로 결심을 했다. 세상살이의 모든 잡념을 씻고 깨끗한 마음으로 사는 절 생활이 은근히 마음에 들었기 때문이었다.

　'모든 세상 생각이 타 버린 재와 같다.'

　그는 머리를 깎고 하은당이라는 중의 상좌가 되었다. 법명은 원종(圓宗)이었다.

　그러나 생각보다 절의 생활은 힘이 들었다. 하은당은 그를 하인처럼 물 긷고 나무하고 밥 짓는 일들을 시켰다.

　'나라를 위해 큰일을 하고 참으로 좋은 마음을 가진 사람이 되겠다는 내가 이게 무슨 꼴이냐?'

　빨래하고 불을 때면서 창수는 한탄을 했다. 그러나 곧 온갖 고통스러운 일을 참는 것도 공부라는 생각을 하면서 낮에는 일을 하고 밤에는 불법을 배웠다.

　마곡사에서 생활한 지 6개월 후에 그는 마곡사를 떠날 결심을 했다.

　우선 자식이 죽었는지 살았는지 모르고 눈물로 보낼 부모님이 보고 싶었고, 또 감옥에 갇힌 그를 구하기 위하여 재산을 다 없앤 강화도 김주경을 찾아보고 싶었다.

　'고능선 선생님도 뵙고 싶고 안 진사님도 뵙고 싶다.'

　안 진사가 천주교를 믿는다고 해서 너무 예의 없이 청계동을 떠나 버린 것을 사과하고 싶었다. 안 진사가 신학문에 눈떴다는 것을 창수는 이제야 깨닫고 있었다.

창수는 금강산에 들어가 더 공부를 해서 훌륭한 중이 되겠다는 구실을 내세워 마곡사를 떠났다. 1899년 그의 나이 스물셋이 되는 이른 봄이었다.

'부모님은 어떻게 살고 계실까? 내가 탈옥을 한 일로 괴로움을 당했을 텐데.'

창수는 부모님을 뵙고 싶어 견딜 수가 없었다. 하지만 아직 고향으로 갈 수는 없었다. 창수는 마침 동행이 된 혜정이라는 중에게 자기 대신 부모님을 만나 달라고 부탁을 했다.

"살아 있으니 걱정하지 말라고 부모님께 전해 주십시오. 은혜는 잊지 않겠소."

소식을 전하러 갔던 혜정은 어두워지자 아예 부모님을 모시고 왔다.

"이제 다시는 너를 놓치지 않겠다. 살아도 같이 살고 죽어도 함께 죽자."

창수는 부모님과 얼싸안았다.

"인천에서 순검이 널 체포하러 와서 네가 탈옥에 성공했다는 것을 알았다."

어머니는 며칠 후에 풀려났지만 아버지는 석 달이나 감옥에 있다가 풀려났다고 했다.

"네가 살아 있는 것을 보니 꿈이 아닌가 기쁘다만, 중이 되어 있는 것을 보니 슬프기도 하구나."

이튿날 창수는 부모님을 모시고 평양으로 떠났다가 최재학과 전효순이란 선비를 만났다. 그들은 창수와 이야기를 나누어 보고는,

"우리가 영천암의 주지가 되도록 도와주겠으니 이곳에서 부모님과 기거하면서 우리 자손들의 글공부를 도와주실 순 없겠소?"

하고 말했다. 창수로선 반대할 이유가 하나도 없었다.

몇 달 동안 창수는 영천암에서 전효순의 아들, 조카들을 가르치면서 그곳에서 부모님과 조용히 지냈다.

창수는 염불 외는 것보다 시가를 더 열심히 외었다. 아들이 중이 된 것이 마음에 걸렸던 아버지는 그런 창수의 모습을 좋아했다.

"머리가 다시 길어졌으니 이제 이곳을 떠나 고향으로 돌아가자."

그해 가을 창수는 선비의 옷으로 바꿔 입고는 부모님을 모시고 텃골로 돌아왔다.

그러나 창수는 농사일이나 하면서 지낼 수는 없었다.

'뭔가 큰 뜻을 펼쳐야 할 텐데······.'

1900년 봄, 창수는 이름을 김두래(金斗來)라고 바꾸고 강화도에 살고 있는 김주경을 찾아갔다.

"형님은 나의 친한 동지였습니다. 몇 년간 소식을 몰라 궁금해서 찾아왔습니다."

형의 동지라고 하자, 셋째 동생인 김진경이 창수를 반갑게 맞아 주었다.

"형님은 오랫동안 소식이 없습니다. 그래서 내가 형수와 조카를 돌

보고 있습니다. 저 아이가 형님의 아들입니다."

사랑에는 7세 된 김주경의 아들이 놀고 있었다.

창수는 기운이 빠졌다. 힘들게 찾아왔는데 김주경의 소식은 알 수가 없고 그냥 떠나는 것이 섭섭했다.

"형의 소식을 모르고 떠나기가 섭섭하니 형의 아이에게 글이나 가르쳐 주면서 형 소식을 기다려 볼까 하는데……."

창수의 말에 김진경은 아주 기뻐했다.

"그렇게만 해 주신다면 얼마나 좋겠습니까. 가르쳐 줄 사람이 없어 조카들이 공부할 나이인데 놀러만 다닙니다. 둘째 형에게 연락하여 아이들을 데려다가 공부를 시키겠습니다."

김진경은 형 무경의 아들을 당장 데려왔다.

그래서 창수는 그날로 공부를 가르치기 시작했다.

그런 창수의 모습을 본 김무경과 진경의 친구들은 너도나도 아이들을 데려와서 가르쳐 달라고 부탁을 했다. 한 달도 안 되어 아이들이 30명이 넘었다.

'어린이를 가르치는 것은 나라의 힘을 기르는 일이다.'

창수는 마음을 다해 그 아이들을 가르쳤다.

그런데 어느 날 창수는 서울에서 온 편지를 보면서 김진경이 걱정스러운 얼굴로 뭔가 중얼거리는 것을 보았다.

"무얼 가지고 그러는가?"

"알지도 못하는 사람 소식을 알려 달라고 몇 번씩 사람을 보내서 그

럽니다."

김진경은 편지를 보낸 사람 이름이 유인무라고 말했다.

"유완무라고도 하는 양반인데 몇 년 전 여기서 살면서 형님과 가깝게 지냈어요. 그런데 김창수란 사람이 오면 자기에게 연락해 달라는 거예요. 탈옥을 했으니 형을 만나러 꼭 올 거라는 거예요."

창수는 갑자기 자기 이름이 튀어나왔으므로 깜짝 놀랐다.

"그 유인무라는 사람, 왜놈이나 관리들 부탁으로 그러는 걸까?"

"아닙니다. 양반인데도 사람 차별을 하지 않고, 김창수를 탈출시키려고 우리 형님과 같이 계획을 세웠던 사람입니다. 서울에서 사람을 보내 김창수를 찾는 편지를 보내는 것도 나라를 사랑하는 사람을 얻으려고 하는 것입니다. 하지만 형님도 없는데 그 김창수란 사람이 여기에 오겠습니까?"

김진경의 말에 창수는 비로소 자신의 신분을 밝혔다.

"사실은 내가 김창수요."

김진경은 눈물을 글썽이며 와락 손을 잡았다.

"형님이 존경하던 분을 이리 만나니 너무 기쁩니다."

창수는 유인무가 보낸 사람을 따라 서울로 가기로 했다.

김진경과 아이들은 섭섭함을 감추지 못하며 동구 밖까지 나와 창수를 배웅했다.

유인무는 김구를 매우 반겨 주었다.

"어서 오시오. 내 집에서 마음 놓고 지내면서 나라를 위해 무슨 일을 할지 의논해 봅시다."

"고맙습니다."

"그런데 이름을 바꾸는 것이 좋겠습니다. 김창수라는 이름으로 다니다가는 위험하니까요."

"그렇게 합시다."

같이 나랏일을 의논하러 오는 성태영과 유인무가 이름을 지었다.

"거북 구(龜) 자를 써서 김구라고 하면 어떻겠습니까?"

"그거 좋군요."

그때부터 창수는 이름을 구(龜)라고 하고, 호는 연하(蓮下) 자는 연상(蓮上)이라고 했다.

어느 날 김구는 불길한 꿈을 꾸었다. 아버지가 나타나 '황천이라고 써라.' 하는 것이었다. 그렇지 않아도 그가 떠나올 때 아버지가 병환 중이어서 늘 마음이 놓이지 않았었다.

유인무는 꿈 이야기를 듣더니,

"아무래도 집에 가 보는 게 좋겠소."

하고 말했다.

김구는 바로 해주로 떠났다.

"네가 정말 왔구나. 아버지가 위독하시다. 좀 전에 아버지가 '애가 왜 들어오지 않고 밖에 있지?' 하시기에 헛소리를 하나 보다 했더니 네가 왔구나."

어머니가 그를 보고 반가워 눈물을 흘렸다.

김구는 급히 방으로 달려 들어갔다. 아버지는 몹시 반가워했지만 병환이 아주 위독했다.

김구는 정성껏 약을 지어 달이고 간호를 했다. 하지만 아버지의 병은 더욱 깊어만 갔다.

김구는 옛날에 아버지가 할머니에게 손가락을 베어 피를 내어 먹이던 일이 생각나서 허벅지의 살을 베어 피를 내어 입에 넣어 드렸다. 그러나 그것도 아무 소용이 없었다. 1901년 2월, 아버지는 김구의 무릎을 베고 끝내 세상을 떠나고 말았다.

아버지가 돌아가신 후 그는 그대로 집에 머물면서 숙부 김준영을 도와 농사일을 했다.

1902년 정월에 김구는 장련에 사는 일가에게 세배를 갔다가 어른들의 소개로 여옥이라는 처녀를 만나 약혼을 하였다. 그러나 아버지의 상중이었으므로 결혼식은 일 년 후에 하기로 하였다.

이때 김구는 신학문을 가르쳐야 한다는 사람들과 뜻을 같이하고 있었다. 당시 평안도와 황해도에는 주로 예수교로부터 신학문이 전파되고 있었다.

선교사들은 신학문과 함께 애국 사상도 사람들에게 심어 주었다.

김구와 특별히 가깝게 지내던 우종서는 전도사였다. 그는 김구에게 예수를 믿으라고 전도했다.

"좋소. 탈상 후에 예수도 믿고 신교육을 위해 일하겠소."

김구는 여옥을 위하여 〈여성 교양 독본〉이라는 책을 만들었다. 그러고는 틈틈이 여옥을 가르쳤다. 여옥의 실력이 향상되는 것이 그에게는 기쁨이었고 보람이었다.

일 년이 지나 결혼식을 준비하고 있을 때, 그만 여옥이 병이 들어 며칠 앓다가 죽고 말았다. 그의 슬픔은 이루 말할 수가 없었다. 자기 손으로 직접 여옥을 남산에 장사 지냈다.

그 해 2월, 김구는 장련읍으로 이사했다. 오인형이라는 사람이 그의 됨됨이를 알고 집안일에 마음을 쓰지 않고 일할 수 있도록 땅과 산, 과수원까지 빌려 주었던 것이다.

김구는 오인형의 사랑방에 학교를 차리고 '봉양학교'라고 했다. 그러고는 전도 사업에도 힘썼다.

"자네에게 신여성 한 분을 소개함세."

평양에서 열리는 예수교 여름 강습회에 참석했을 때였다. 교육 계몽 운동을 하고 있는 최광옥이 안신호라는 여자를 소개시켜 주었다. 안신호는 도산 안창호의 누이였다.

안신호는 성격이 활달하고 똑똑하고 예뻤다.

두 사람은 주위에서 권하는 대로 약혼을 했다. 그러나 이 혼사도 실패로 끝나고 말았다.

오빠인 도산 안창호가 이전부터 소개했던 사람이 있었는데, 그가 김구와 결혼을 약속한 날 청혼을 해 왔던 것이다.

어느 쪽을 택할 것인가 고민하던 안신호는 마침내 양쪽을 다 버리고 엉뚱한 사람과 결혼을 하기로 결정해 버렸다.

김구는 어쩔 수 없는 일이라고 단념하기는 했지만 마음속으로는 여간 섭섭하지 않았다. 깊이 사귄 것은 아니지만 안신호라는 신여성과의 결혼에 은근히 기대가 크기도 했었기 때문이었다.

이렇게 깨지기만 하던 김구의 결혼은 1904년이 되어서야 이루어졌다. 29세가 된 김구는 신천 사평동에 사는 최준례라는 18세 처녀와 말썽 많은 결혼을 하게 되었다.

최준례는 본래 서울 태생이었다. 하지만 언니가 신천에서 병원을 하는 의사와 결혼하게 되자 어머니와 함께 신천에 내려와 살고 있었다.

최준례에게는 이미 어머니가 결혼을 약속한 사람이 있었다.

당연히 어머니는 김구와의 결혼을 펄펄 뛰며 반대했고, 그들이 다니는 예배당의 목사와 선교사도 최준례에게 어머니가 정해 준 곳으로 결혼할 것을 권했다. 그러나 최준례는 자기 고집을 꺾지 않았다.

"결혼은 제가 하는 거지 어머니가 하시는 게 아니에요. 김구 선생이 아니면 저는 결혼하지 않겠어요."

이렇게 열여덟 살의 최준례가 결혼의 자유를 주장했기 때문에 김구도 강경하게 버텼다.

"혼인은 제일 먼저 본인의 의사에 따라 정해져야 합니다. 본인이 싫다는데 부모가 정했다고 해서 억지로 시킬 수는 없습니다. 최준례 씨가 저와 혼인하겠다고 하니 저도 반드시 그녀와 결혼하겠습니다."

김구는 주위의 반대에도 아랑곳하지 않고 최준례와 굳게 약혼을 했다. 그리고 아예 최준례를 집과 교회를 피해 서울로 가게 했다. 김구의 의견에 따라 최준례는 서울에 가서 정신여학교에 들어가 공부를 했다.

결국 그들의 결심이 그렇게 굳은 것을 보고 교회도 혼례서를 만들어 주었고, 모녀의 관계를 끊겠다고 한 준례의 어머니도 이 혼인을 받아들였다. 김구는 이렇게 몇 번의 어려운 상황 끝에 어렵사리 혼인을 하게 되었다.

7. 교육 운동을 펼치다

 봉양학교를 백남훈에게 물려주고 김구는 공립 학교로 옮겼다. 황해도에는 공립 학교가 해주와 장연에 각각 하나씩 있었다. 해주에 있는 학교에서는 사서삼경을 가르치는 등 글방과 비슷했고, 장연에 있는 학교에서는 산술, 지리, 역사 등 신학문을 가르쳤다.
 김구가 너무나 열심히 가르쳤기 때문에 곧 장연 시내에서는 그를 모르는 사람이 없게 되었다. 벼슬아치들까지도 그를 함부로 대하지 못했으며, 이름 있는 양반들도 그 앞에서는 말을 삼갔다.
 한번은 군수가 그를 불렀다.
 "해주에 가서 뽕나무 묘목을 찾아오는 일을 좀 맡아 주었으면 하오. 아무래도 김 선생이 적격인 듯하오."
 그 무렵 정부에서는 전국적으로 누에치기를 권장하고 있었다. 누에를 많이 쳐서 명주를 많이 만들어 경제적인 어려움을 덜자는 뜻에서였다. 그래서 뽕나무 묘목을 사들여 농민들에게 나누어 주고 있었는데, 도청에 가서 묘목을 받아 오는 일은 보통 그 지방의 유지가 하는 것이 관례가 되어 있었다.

이 일이 김구에게 맡겨진 것은 군청의 높은 관리가 그의 인격을 높이 사서 군수에게 추천했기 때문이었다. 김구도 쾌히 이 일을 맡을 것을 승낙했다.

그는 노자 2백 냥을 타 가지고 해주로 갔다. 군에서는 말을 타거나 교군이라는 가마를 타고 가라고 했지만 걸어서 갔다.

"내 다리가 튼튼하니 타지 않고 걸으면 그만큼 나랏돈이 절약되는 것이 아니겠소?"

이 말에 군수는 아무 말도 하지 못했다.

해주에서는 농상공부에서 주사가 나와 각 군에 뽕나무 묘목을 나누어 주고 있었다. 묘목은 말라비틀어진 것이 거의 대부분이었다. 김구는 묘목을 받기를 거부했다.

"다 마른 것을 갖다 어디 쓰겠소? 나는 받지 못하겠소."

"뭐요? 당신이 상부의 명령을 거역할 작정이오?"

농상공부의 주사는 화를 내며 버럭 소리를 질렀다. 김구도 맞서서 소리쳤다.

"마른 묘목을 심으라는 것이 상부의 명령이라고요? 나라에서 이런 마른 묘목을 농민에게 나누어 주라고 합디까? 도대체 나라에서 보내는 이 묘목을 이렇게 마르게 한 것이 누구요? 내 그걸 좀 알아서 관찰부에 보고해야겠소."

이 말에 농상공부 주사는 겁이 나는지 입을 다물었다.

"알았으니, 생생한 것으로 골라 가시오."

김구는 싱싱한 묘목으로만 수천 주를 골라 말에 싣고 돌아왔다. 가지고 갔던 노자 2백 냥 가운데서 70냥만 쓰고, 나머지 130냥은 되돌려 주었다.

군청의 높은 관리는 어안이 벙벙했다.

"사람들이 모두 선생 같으면 나랏일이 걱정 없겠소. 도둑놈이 득실거리는 이 판에 선생 같은 분이 계시다는 건 놀라운 일이오. 아마 다른 사람이 갔더라면 적어도 2백 냥은 더 청구했을 거요."

이 일로 김구는 장연에서 더욱 유명한 사람이 되었다.

얼마 뒤에 농상공부에서는 그를 종상 위원으로 임명한다는 사령장을 보내 왔다. 종상 위원이란 말하자면 뽕나무 심기 운동의 자문 위원 비슷한 것으로, 보수가 없는 명예직이었다. 그러나 이것은 큰 벼슬이어서, 관속이며 백성들은 그가 지나가면 담뱃대를 감추고 허리를 굽혔다.

그러나 김구는 곧 장연 집을 떠나지 않으면 안 되었다. 오인형이 죽었기 때문이다. 오인형은 고깃배를 부리다가 많은 빚을 져서 그가 죽을 무렵에는 재산이 거의 없어졌다. 그래서 김구는 그에게서 빌려 가지고 있던 집과 땅, 과수원을 그의 유족에게 돌려주었다.

김구는 어머니를 모시고 해주 읍내로 이사했다.

1905년에 우리 나라는 일본과 을사조약을 맺었다. 강제로 맺어진 조약이었다. 일본은 궁궐에까지 군대를 들여보내 우리 나라 임금과 대신들을 협박했다. 을사조약이란 우리 나라의 외교권을 완전히 박탈하는 조약이었다. 우리 나라가 외국과 조약을 맺거나 협상을 하려면 반드시 일본 외무성을 거쳐야 하며, 일본인 통감을 두어 이를 감독하게 한다는 내용이었다.

"이제 우리 나라는 독립국으로서의 모습을 완전히 잃게 되었군. 일본의 속국이 돼 버린 거야."

곳곳에서 을사조약을 반대하고 일본인을 내몰려는 의병이 일어났다. 그러나 의병들은 애국심과 충성심은 컸지만 무기와 싸움에 대한 지식이 없었기 때문에 도저히 일본군을 이기지 못했다.

이때 김구는 진남포 예수교회 에버트 청년회의 총무로 일하고 있었는데, 서울 상동교회에서 열린 전국 대회에 대표로 참석하게 되었다.

이 모임은 겉으로는 교회가 할 일에 대한 것을 의논한다고 내세웠지만, 실제로는 을사조약을 배척하기 위한 일을 의논하기 위한 모임이었다. 김구, 전덕기, 이준, 이동녕 등이 이 대회에 참석했다.

"도끼를 메고 을사조약을 철회하라고 왕제에게 상소합시다!"

그들은 한 치도 물러서지 않고 죽기를 다하여 을사조약 철회를 상소하리라는 마지막 기도를 한 다음, 일제히 대한문 앞으로 몰려갔다.

소식을 듣고 달려온 일본 순사들은 해산하지 않으면 모두 체포하겠다고 협박했다.

"이놈들아, 너희들이 어째서 우리에게 상소조차 하지 못하게 하느냐! 이건 내정 간섭이다!"

김구와 그의 동지들은 이렇게 외치면서 몰려온 군중들에게 피를 토하는 것 같은 격렬한 호소를 했다.

"이토 히로부미와 하야시 공사가 군대를 끌고 궁궐까지 들어가 황제 폐하와 대신들을 총칼로 협박해서 맺은 을사조약은 우리의 국권을 완전히 빼앗고 우리 조선 2천만 동포를 저들의 노예로 삼는 조약입니다. 우리는 이 조약에 반대하여 죽기로 싸워야 합니다!"

일본 순사들은 이준 등 다섯 대표를 잡아가고 군중들을 강제로 해산시켰다.

잡히지 않은 김구와 다른 동지들은 종로로 가서 가두연설을 했다. 일본 순사들도 뒤쫓아 왔다. 그들은 총부리를 들이대고 군중을 해산시키다가 총을 쏘기 시작했다.

김구와 그의 동지들이 기와와 벽돌을 던져 대항하자 군중들도 합세했다. 그 수에 겁을 먹은 일본 순사들은 중국인 상점으로 피해 들어가 숨어서 총을 쏘았다. 군중들은 그 상점을 향해 빗발같이 벽돌과 기와를 던져 댔다.

그러나 일본 보병 한 중대가 달려와서 총을 쏘아 대며 사람들을 붙잡아 가자 어쩔 수 없이 군중은 흩어졌다. 김구도 다른 사람들과 함께 물러서지 않을 수가 없었다.

이 날 민영환이 자결했다. 김구는 다른 동지와 함께 조상을 갔다.

"우리가 결의하기는 마지막 한 사람이 남을 때까지 몇 번이고 상소를 되풀이하자는 것이었지만, 잡혀간 대표들도 바로 풀려나올 것

같고, 또 상소를 한다고 무엇을 할 수 있는 상황이 아닙니다. 방법을 달리해야겠습니다."

김구와 동지들은 다시 회의를 한 끝에 각각 전국 각지로 흩어져서 교육 사업에 힘을 쓰기로 했다.

"아는 것이 없고 나라가 무엇인지도 잘 모르는 백성들이, 나라가 곧 자신의 집이요, 나라 없이는 살아갈 수 없음을 깨닫지 않는다면 나라를 건질 길이 없습니다!"

김구는 곧 황해도로 내려와 문화 초리면 종산에 있는 서명의숙의 교원이 되어 교육 사업에 전념했다. 그리고 1909년 정월, 그는 종산에

서 안악으로 이사해 양산학교의 교원이 되었다.

안악에는 김용제와 사촌간인 김용진, 그리고 조카 김홍량 등이 있어 이미 오래 전부터 신교육에 힘을 쏟고 있었다. 그들은 신학문을 가르칠 만한 선생이 모자란 것을 안타까워했다.

"김구 선생을 모셔 옵시다."

김구로서는 서명의숙에서도 할 일이 많았지만, 아무래도 뜻을 좀더 널리 펴기 위해서는 큰 고장의 큰 학교에서 여러 동지들과 함께 일하는 편이 더 좋을 것 같아 그 초청에 응했다. 그의 나이 서른셋이 되어서였다.

종산에서 안악으로 이사 오던 날은 몹시 추운 날이었다. 찬바람은 갓난아이에게 치명적이었다. 이때 김구는 갓 태어난 첫딸을 잃어버리는 슬픔을 겪었다.

그 해 여름 양산학교에서는 전국적으로 부족한 교사들을 양성할 목적으로 당시 교육가로 이름이 높은 최광옥을 초청해서 하기 사범 강습회를 열었다. 멀리 경기도, 충청도에서까지 몰려와 강습생은 4백여 명에 이르렀는데, 그 가운데는 서당의 훈장들도 있었으며 머리가 허연 노인도 있었고, 김구가 마곡사에 있을 때 그를 보살펴 주던 스님도 있었다.

하기 강습회를 마친 후 양산학교는 규모를 늘려 중학부와 소학부를 두고 김홍량이 교장이 되었다.

김구는 최광옥 등과 해서 교육총회를 조직하고 학무총감이 되었다.

학무총감이 하는 일이란 황해도에 학교를 많이 설립하고 그것을 잘 경영하도록 사람들을 설득시키고 이끄는 일이었다. 그래서 그는 이 사명을 띠고 도내 각 군을 돌아다니며 계몽 연설을 했다.

그는 군수와 군민의 열렬한 환영을 받으면서 교육의 필요성을 역설했다. 왜 신교육이 필요하며, 서구의 문명을 받아들여 개화할 필요가 있는가를 얘기했다.

김구는 교육에 종사한 이래 한 번도 찾지 못했던 고향 텃골도 찾았다. 그러나 조금도 변하지 않은 고향 사람들을 보고 그는 실망했다. 그나마 준영 숙부가 그를 반갑게 맞이해 주어 위로가 되었다.

"네가 농사나 지을 사람이 아니라는 걸 알았다. 아니고 말고!"

숙부는 오랜만에 만나는 조카를 대견해했다.

김구는 동네 사람들을 모아 놓고 가지고 갔던 환등을 보이면서 목이 터져라 하고 외쳤다.

"양반도 깨어라! 상놈도 깨어라!"

"자녀들을 학교에 보내서 신학문을 공부시켜야 합니다."

그의 간곡한 말에 그들은,

"학교에 보내려면 머리를 깎아야 하지 않나! 그건 안 되지!"

하며 고개를 저었다.

그날은 송화 군수가 꼭 와 달라고 부탁해서 송화에 간 날이었다. 그곳은 일본의 수비대, 헌병대, 경찰서, 우편국 등이 있었는데, 어이없게도 정부의 건물은 모두 이들에게 빼앗기고 군수는 한 개인 집을 빌려 사무를 보고 있었다. 김구는 머리끝까지 화가 치밀어서 눈물이 날 지경이었다.

환등회를 연다고 하자 청중이 수천 명 모였다. 군수는 물론 세무서장과 일본의 관리와 경관들도 많이 왔다. 김구는 고종 황제의 사진을 가져오게 해서 그것을 강단 정면에 걸었다. 그러고는 모두 일어서게 해서 절을 시켰다. 일본의 장교들과 경관까지도 그렇게 하도록 했다.

그런 다음 그는 '한국 사람이 일본을 배척하는 이유가 무엇인가?'에 대해 연설을 했다.

"과거 우리는 일본을 신뢰했습니다. 그러나 일본이 우리 주권을 빼앗는 조약을 억지로 맺으므로 우리는 일본에 대해 악감을 갖게 되었습니다. 거기다가 일본 병정이 우리나라 사람의 집에 들어가 닭이며 달걀을 빼앗아서 약탈을 하므로 우리는 일본을 배척하게 된 것입니다. 따라서 이것은 일본의 잘못이지 우리 한국 사람의 잘못이 아닙니다."

군수와 세무서장의 얼굴이 흙빛이 되었다.

"이 환등회를 당장 중지하라!"

갑자기 경찰들이 나타나 김구를 경찰서로 끌고 갔다.

그 당시 애국지사들이 사람들을 모아 놓고 일본을 욕하는 것은 자주 일어나는 일이었다. 일본 경찰들도 주동자를 잡아 며칠 감옥에 넣었다가 풀어 주곤 했다. 그래서 김구도 곧 풀려나리라고 생각하고 있었다.

그러나 그 다음 날 아침 김구는 자기가 붙잡혀 온 것이 환등회 때문이 아니라는 것을 알았다.

10월 26일에 은치안이라는 한국인이 하얼빈 역에서 이토 히로부미를 죽였다는 대문짝 만한 신문 기사를 보고 나서였다.

은치안은 바로 김구가 청계동에서 만난 안중근 소년이었다.

'안 진사의 아들이 큰일을 해냈구나. 장하다, 안중근!'

김구는 감동이 되어 목이 메었다.

'이 사건의 배후를 조사하기 위해 나를 붙잡은 거로구나.'

김구의 생각대로 그는 이 사건의 관련자로 한 달이나 경찰서에 수감되었다가 해주 지방 법원으로 압송되었다.

검찰은 김구가 어떻게 살아왔으며, 무슨

일을 했는지, 어떤 사람과 사귀었는지를 자세히 적은 기록을 내놓았다.

"나보다 내 일을 더 잘 알고 있으니 잘 아시겠소그려. 나는 안중근의 아버지와만 친분이 있을 뿐이오."

검찰은 아무리 조사해도 김구가 안중근 사건과는 관계가 없다는 것을 알고 불기소로 석방하였다.

8. 다시 감옥에 갇히다

　1910년 8월 29일, 일본은 마침내 우리 정부를 총칼로 위협하여 한일합방 조약을 맺었다. 우리 나라는 통치권을 빼앗기고 일본의 지배를 받는 식민지 국민이 된 것이다.
　안악의 양산학교에서 아이들을 가르치다 한일합방 소식을 들은 김구는 가슴을 치며 탄식하였다.
　'아아, 이제 왜놈의 노예로 살게 되었구나. 장차 이 일을 어찌할까?'
　실망과 탄식으로 날을 보내고 있는 김구에게 서울의 양기탁에게서 연락이 왔다. 신민회의 비밀 회의에 참석하라는 소식이었다.
　신민회란 안창호가 만든 비밀 단체였다. 안창호는 을사조약이 맺어지자 미국에서 돌아왔다.
　"지도자가 될 사람을 길러 내야 합니다. 백성들을 계몽해야 합니다."
　안창호는 평양에 대성학교를 세워 겉으로는 교육 사업을 하는 척하면서 양기탁, 이승훈, 이동녕, 신채호 등과 함께 일본에 대항할 비밀 단체를 만들었다. 그리고 한일합방 조약이 맺어지자 안창호와 많은 신민회 회원들은 중국이나 시베리아로 망명했다.

김구도 신민회의 회원이었다. 김구는 서울 양기탁의 집으로 가서 신민회의 모임에 참석했다. 양기탁의 집에는 이동녕, 안태국, 주진수, 이승훈 등이 모여 있었다. 그들은 의논 끝에 몇 가지 할 일을 정했다.

"지금 왜놈들이 서울에 총독부를 두고 전국을 통치하고 있으니 우리도 비밀리에 도독부를 두고 각 도에 총감이라는 대표를 두어서 나라를 다스립시다."

"만주로 이민하는 계획도 세웁시다."

"만주에 무관 학교를 세워 광복 전쟁 때에 쓸 독립군을 기릅시다."

김구는 황해도에서 독립 운동 자금을 모으는 책임자가 되었다.

안악으로 내려온 김구는 먼저 양산학교의 교장 김홍량을 찾아갔다.

"좋은 계획이오. 나는 내 집과 땅을 팔아서 자금을 대겠소."

김홍량은 적극 찬성했다.

김구는 신천과 장연의 동지들에게 연락해서 구체적으로 만주로 이민하는 계획도 세웠다.

모든 계획이 잘 진행되고 있는 어느 날 밤, 안명근이 김구를 찾아왔다. 안명근은 안중근의 사촌 동생으로 독립 운동에 뜻을 둔 애국 청년이었다.

안명근은 김구를 보자 흥분한 목소리로,

"선생님, 독립 운동 자금을 내놓기로 한 부자들이 약속을 지키지 않고 있습니다. 그들을 혼내 주어야겠습니다."
하고 외치듯 말했다.

"독립 운동 자금을 모으고 있다고요? 자금을 모아 어디에 쓰려고 합니까?"

"동지를 모아 황해도 안의 전신과 전화를 모두 끊어 왜놈들이 서로 연락하는 길을 막아 놓고 왜적들을 죽이려고 합니다. 왜병의 대부대가 온다고 해도 닷새는 걸릴 것이니 그 동안은 자유로운 우리 세상이 될 것이 아닙니까? 도와주십시오."

김구는 안명근의 손을 꽉 잡았다.

"선생의 마음은 충분히 이해가 되오. 형인 안중근 의사가 당한 일을 생각하면 그 분한 마음은 다른 사람과 또 다르겠지요. 하지만 일시적인 분풀이로 나라를 찾을 수는 없소. 지금 우리는 일본에 비해 너무 힘이 모자라오. 먼저 왜놈들과 싸울 수 있는 힘을 기르는 일이 필요하오."

안명근은 잠시 말없이 앉아 있다가,

"선생님의 말씀은 옳습니다. 그러나 저로서는 가만히 앉아 기다리고 있을 수는 없습니다."

라고 말하고는 섭섭해하면서 돌아갔다.

며칠 뒤 안명근이 황해도 사리원에서 붙잡혀 서울로 끌려갔다는 기사가 신문에 실렸다.

"아까운 젊은이 하나가 희생당하는구나."

김구는 기사를 읽으며 가슴 아파했다. 그러나 그 일로 자신이 다시 감옥에 가리라고는 생각지도 못했다.

이듬해 1911년 1월 5일 새벽, 일본 헌병 하나가 양산학교 사무실로 그를 찾아왔다.

"소장님이 선생 좀 보자고 합니다."

헌병을 따라간 헌병 분견소에는 김홍량, 도인권 등 양산학교 교사 여럿이 이미 잡혀 와 있었다.

"당신들을 체포해서 서울로 보내라는 총독부 명령이 왔소. 이유는 나도 모르오."

김구는 서울로 끌려가 감옥에 갇혔다. 그곳에는 황해도와 평안도 일대의 애국자와 지사들이 갇혀 있었다.

며칠 후, 김구는 취조실로 끌려갔다. 그곳에는 여러 가지 고문 기구가 놓여 있었다.

취조관은 주소와 이름을 묻고 나서 버럭 소리를 질렀다.

"네가 왜 잡혀 왔는지 아나?"

"잡아 왔으니 끌려 왔을 뿐이오. 이유를 내 어찌 알겠소."

"건방진 놈이로군."

취조관은 부하를 시켜 김구를 천장에 거꾸로 매달아 놓고 몽둥이로 마구 때리기 시작했다. 김구는 매질에 견디다 못해 기절했다. 그러자 취조관은 찬물을 끼얹고 다시 고문을 했다.

"안명근을 시켜 독립 운동 자금을 모았지?"

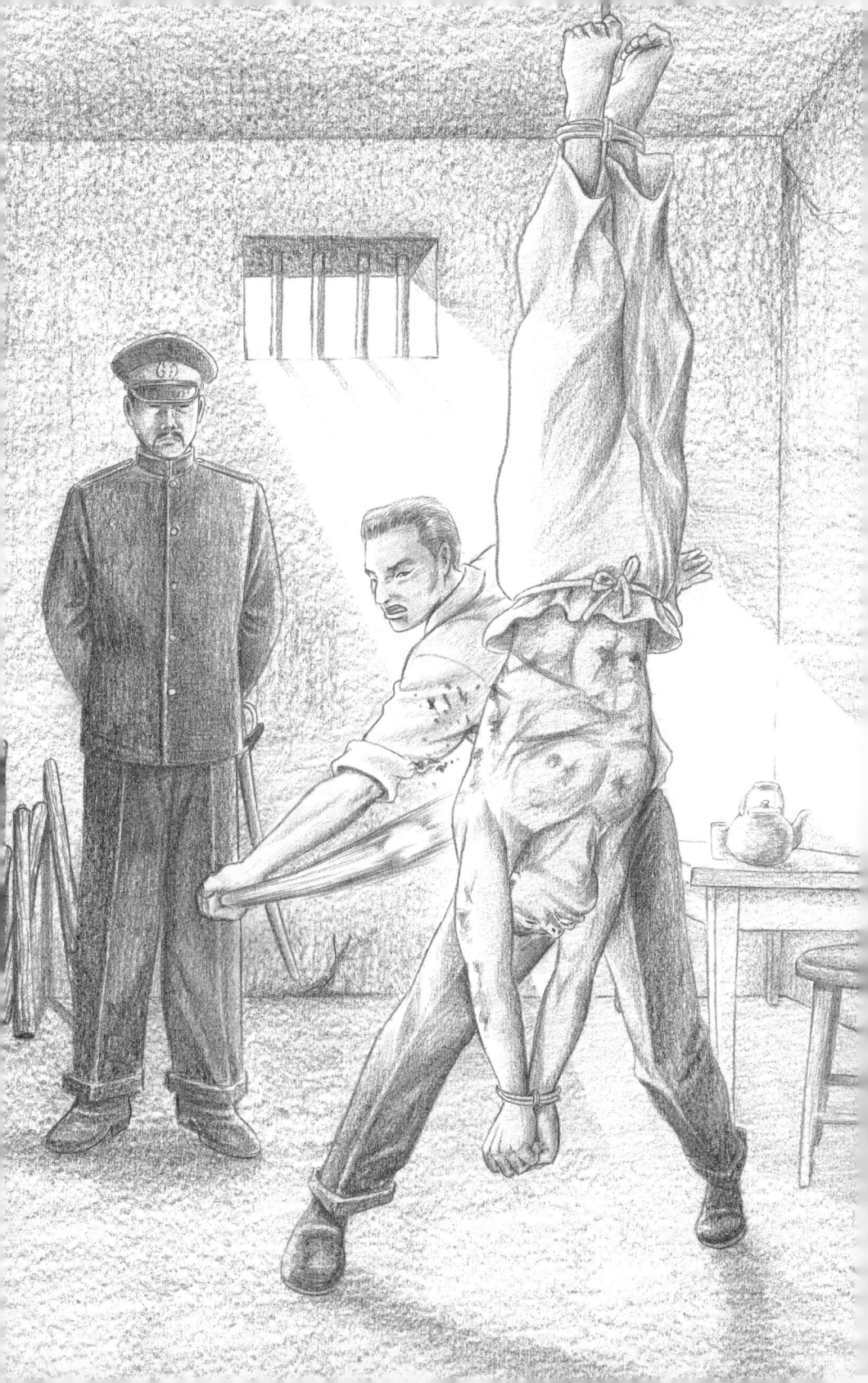

"모르는 일이오. 안명근이란 사람은 알지만 그런 일 없소."
"안명근이 부자들을 권총으로 위협하여 돈을 강도질했는데, 네가 시킨 짓이잖나. 다 알고 있는데 무슨 거짓말이야."

그들은 김구를 다시 거꾸로 매달고 때리기 시작했다. 김구가 정신을 잃으면 찬물을 끼얹고 정신이 들면 끔찍한 고문을 쉴 사이 없이 해 댔다.

"안명근과 어떤 관계야?"
"아무 관계도 아니다. 그가 안중근의 사촌 동생이라는 것을 알 뿐이다."

"이 새끼, 죽고 싶은가? 독립운동을 하겠다고 나선 네 동지들 이름을 대란 말이야."

끔찍한 고문이 매일 계속되었다. 때로는 쇠꼬챙이를 화롯불에 달구어 그것으로 맨살을 지지기도 하고, 거꾸로 매단 다음 코에 물을 붓기도 했다.

김구는 정신을 잃고 쓰러질망정 결코 그들에게 살려 달라고 사정하거나 비굴하게 행동하지 않았다.

모진 고문을 당하는 것은 김구만이 아니었다. 안명근은 말할 것도 없고 김홍량이며 김용제, 이승훈, 양기탁 모두 심문을 받으러 갈 때는 걸어 나갔으나 돌아올 때는 반죽음이 되어 업혀 들어오곤 했다. 이 모진 고문에 한필호와 몇 명의 애국지사는 목숨을 잃기까지 했다.

김구는 이렇게 심한 고문을 당하면서도 유치장으로 돌아올 때면,

"내 목숨은 너희가 빼앗아도 내 정신은 빼앗지 못한다!"
라고 외치곤 했다. 김구의 이런 외침의 목소리는 감방에 갇혀 있는 동지들에게 큰 격려가 되었다.

결국 김구는 안명근을 시켜 부자들의 돈을 강탈했다는 강도죄로 15년, 서간도에 군관 학교를 세우려 했다는 보안죄로 2년, 합해서 17년의 징역형을 선고받았다. 김홍량도 17년이었고 안명근은 종신징역형이었다.

판결이 확정되자 김구와 동지들은 서대문 감옥으로 가게 되었다. 다행스런 일은 이곳에서는 때때로 이야기를 주고받을 수 있다는 것이었다.

"17년은 참으로 긴 세월입니다. 어쩌면 다시 밝은 하늘을 볼 수 없을지도 모릅니다. 우리 비록 몸은 왜놈들에게 잡혀 있지만 정신으로는 왜놈을 짐승처럼 생각하며 밝게 살아갑시다."

김구는 동지들에게 자기가 마음먹은 것을 이야기했다.

"그 동안 조사받으면서 내 느낀 게 있소. 우리 앞날이 그리 어둡지만은 않다는 것이오. 내가 만난 일본인들 중 인물이 없었소. 그저 악독할 뿐이었소. 그런데 우리 젊은이들을 보시오. 애국심에 불타고 정신은 맑고 씩씩하오. 저들이 교육만 잘 받는다면 우리 민족은 일본보다 몇백 배 훌륭한 민족이 될 것이오."

죄수들은 아침저녁으로 일본 간수를 향해 절을 하는 규칙이 있었다. 김구는 무슨 구실을 대서라도 이 짓을 하지 않았다.

'나라를 걱정하는 사상범으로 부끄러운 짓은 하지 않겠다.'

어느 날 김구 앞을 지나치던 안명근이 김구만 들리도록 말했다.

"나는 굶어 죽기로 결심했습니다. 내가 지금 왜놈에게 대항할 수 있는 것은 이 길뿐입니다."

김구는 할 수 있거든 그렇게 하라고 대답해 주었다.

그날부터 안명근은 아프다는 핑계로 며칠을 굶었다. 그러나 그가 병이 아니라는 것을 안 간수들은 굶어 죽게 내버려 두지 않았다. 몸을 결박하고 억지로 입을 벌리게 하여 먹을 것을 넣었다. 감옥에서는 죽을 자유조차 없었다.

서대문 형무소에 갇힌 지 7개월쯤 후에 어머니가 면회를 왔다.

"나는 네가 경기 감사가 된 것보다 더 기쁘게 생각한다. 너는 이제 내 아들이 아니고 이 나라의 아들이다!"

김구는 어머니의 말씀이 고마워 고개만 푹 숙였다.

"네 아내와 딸과 같이 왔지만 한 사람만 면회할 수 있다고 해서 나만 들어왔다. 우리 세 식구는 잘 살고 있으니 아무 걱정 하시 말고 네 몸조심이나 잘 하거라."

아들의 마음이 약해지지 않게 하려고 애쓰는 어머니를 보면서 김구는 이를 악물었다.

'어머니, 저는 반드시 저 밝은 세상에 나가 우리 나라를 위해서, 우리 민족을 위해서, 어머니를 위해서 보람 있는 일을 하고야 말겠습니다.'

감옥에서 죄수에 대한 대우는 말로 표현할 수 없을 정도였다. 간수들은 말끝마다 욕을 해 댔고 툭하면 때렸다.

'나라를 다스리는 이들이 사람이 귀하다는 것을 모른다면 그 나라는 오래 갈 리가 없지.'

김구는 나라가 독립하면 간수의 자리에 대학 교수 같은 이를 써서 죄수를 대학생 대하듯이 하면 반드시 좋은 효과가 있을 것이라는 생각을 했다.

김구는 양산학교에서 같이 근무하던 최명식과 함께 감옥 안에서 청소부 일을 맡아 하게 되었다. 이 일은 죄수들이라면 누구나 부러워하는 자리였다. 다른 일보다도 편하고 시간이 많이 남았다.

"우리, 이 기회를 이용하여 죄수 중에서 뛰어난 인물을 고릅시다."

그들이 이렇게 고른 사람 중에는 김 진사라는 사람이 있었다. 그는 강도범이었는데, 그 지방에서는 모르는 사람이 없을 정도로 유명한 도둑의 두목이었다.

우연히 김구 방으로 옮겨 온 그에게서 김구는 도둑에 관한 많은 것을 듣게 되었다. 도둑의 단결심, 조직력, 의리는 놀라운 것이었다.

'앞으로 일본을 몰아내는 싸움을 할 때는 꼭 필요하겠다.'

김구는 그의 말을 머릿속에 깊이 새겨 두었다.

감옥 생활을 하는 동안 김구에게 가장 감명을 준 인물은 도인권(都寅權)이었다. 그는 양산학교 체육 교사였는데, 본래는 한국군의 장교였다.

10년형을 언도받은 그는 감옥 안에서 많은 일화를 남겼다.

감옥 안에서는 죄수를 모아 부처 앞에서 예불을 시키는 것이 관례였다. 그러나 도인권은 아무리 위협해도 부처 앞에서 고개를 숙이지 않았다.

"나는 예수교인이므로 우상 앞에 고개를 숙일 수는 없소."

마침내 이것이 감옥 안에서 문제가 되어 예불을 강제로 시키는 관례가 없어졌다.

또 그는 감옥에서 상을 주는 것을 받지 않았다.

"나는 죄를 진 일이 없소. 따라서 잘못을 뉘우칠 것이 없소. 그런데 잘못을 뉘우쳤다 해서 주는 상을 내가 왜 탑니까?"

가출옥을 하라고 했을 때도 그랬다. 다른 이 같았으면 기뻐서 감옥을 나갔을 것이다. 그러나 도인권은,

"가당치 않소. 나는 본래 죄가 없소. 그러니 이제 내가 죄가 없음을 알고 판결을 취소하겠다면 나가겠지만, 가출옥으로 나가란다면 나는 나가지 않겠소. 가출옥이 뭐요? 죄가 있지만 모범 죄수라 미리 내보내 준다는 거 아니오. 죄 없는 사람으로 나를 출옥시킨다면 모를까, 가출옥이라는 '가'를 나는 받아들일 수 없소."

옥에서도 어쩔 수 없어 그는 마침내 형기를 다 채우고서야 나갔다.

'일찍이 저런 깨끗한 지사가 백 명만 있었던들 나라가 이 지경은 되지 않았을 텐데.'

김구는 도인권의 꼿꼿한 의지에 감탄을 했다.

1912년 7월에 일본의 천황 메이지(明治)가 죽었다. 그러자 사면령이 내려졌다. 김구가 감옥 생활을 한 지 1년이 지났을 때였다.

그의 형기는 15년에서 8년이 깎여 7년이 되었다. 이듬해인 1913년에는 메이지의 처가 죽었다. 그래서 다시 사면령이 내려졌고, 김구의 형기는 5년이 되었다.

'이미 3년을 살았기 때문에 2년만 남았군.'

일본 천황이 죽어서 감형을 받은 것은 수치스러웠지만, 나라를 되찾기 위해서는 빨리 세상에 나가서 일을 해야 한다고 그는 생각하고 있었다.

그는 이름을 거북 구(龜) 자에서 아홉 구(九) 자로 고쳤다. 그리고 호를 연상에서 백범(白凡)으로 고쳤다. 백범의 '백' 자는 우리 나라에서 가장 천한 백정에서 따온 것이고, '범' 자는 평범한 사람이라는 뜻으로 쓴 것이었다.

두 글자 모두 가장 낮은 사람을 나타내는 글자였다.

'가장 낮은 사람까지도 글을 깨우치고 애국심을 갖게 되어야만 우리 나라가 완전한 독립국이 될 수 있다.'

그가 호를 백범이라고 고친 것은 이런 생각에서였다.

김구는 감옥에서 뜰을 쓸고 닦을 때마다 하나님께 빌었다.

"하나님, 우리 나라가 독립하여 정부가 생기거든 그 집의 뜰을 쓸고 유리창을 닦는 일을 해 보고 죽게 해 주십시오."

1914년 7월, 백범은 가출옥으로 인천 감옥에서 나왔다. 3년 6개월만이었다.

그는 마중 나온 동지들에 둘러싸여 안신학교로 갔다. 아내가 그 학교 교원으로 있으면서 교실 한 칸을 빌려 살고 있었기 때문이다.

"그 동안 고생이 많았소."

수척해진 아내의 얼굴은 그 동안 얼마나 고생이 많았는가를 말하고 있었다. 그는 말없이 자기 옥바라지를 해 준 아내가 고마웠다.

며칠 뒤에 친구들이 그를 위로한다는 잔치를 베풀어 주었다. 그 잔치 자리에는 기생들도 불려 와 있었다. 백범이 기생들을 보고 놀라자 잔치를 베푼 사람들은,

"너무 나무라지 마십시오. 너무 기쁜 자리라 기생들에게 노래와 춤으로 흥을 돋우라고 했습니다. 오늘은 그냥 앉아서 즐기기만 하십시오. 선생님이 당한 고생에 비하면 이건 아무것도 아닙니다."

하고 말했다.

한참 잔치가 벌어지고 있을 때 백범의 어머니가 그를 불러냈다.

"네가 오늘 기생을 데리고 술 마시는 것을 보려고 나와 네 아내가 고생했는 줄 아느냐?"

어머니의 꾸지람은 서릿발 같았다. 백범은 부끄러웠다.

"네가 옥에 있는 동안 네 아내가 한 고생을 잊어서는 안 된다. 어떤 때는 끼니를 거르고, 손발이 부르트도록 일할 때가 하루 이틀인 줄 아느냐?"

"죄송합니다. 어머니, 다시는 호화스럽게 노는 짓은 하지 않겠습니

다."

그 이후로는 백범은 단 한 번도 호화스런 놀이에는 끼지 않았다.

출옥은 했지만 백범은 늘 감시를 받으며 살아야 했다. 그래서 옛날처럼 신민회 같은 단체를 만들어 일할 길이 없었다. 더구나 전과자는 교육 사업은 할 수 없다며 철저히 막았다.

그래서 그는 한 방법을 생각해 냈다. 농촌 사업을 해 보기로 마음먹은 것이다. 마침 그때 농장을 많이 갖고 있는 김용진이 그를 찾아왔다.

"경치 좋고 살기 좋은 곳으로 가서 사십시오. 논 관리나 해 주면서 건강도 회복하시고요."

"고맙소. 그럼 동산평 농장의 농감 일을 맡겨 주시오."

백범의 말에 김용진은 펄쩍 뛰었다.

"거기는 안 됩니다."

동산평은 신천군 산천면에 있었는데, 그 고장 사람들의 노름이나 술주정, 싸움질은 소문이 나 있었다. 게다가 그곳은 물 사정이 나빴고 땅도 기름지지 못했다. 그러나 백범은,

"꼭 동산평으로 가고 싶소. 나는 쉬러 가는 것이 아니니까요."

하면서 고집했기 때문에 김용진은 승낙할 수밖에 없었다.

2월에 백범은 동산평으로 이사를 했다.

그는 노름을 하거나 아이들을 학교에 보내지 않는 농민에게는 소작할 땅을 빌려 주지 않았다.

백범은 학교를 세우고 부근에서 교사 한 사람을 모셔 왔다. 그러자 농민들은 노름하면서 경찰이 오나 망이나 보게 하던 아이들을 학교에 보내기 시작했다. 처음에는 학생이 20명 정도였으나, 곧 소작인의 자녀들이 몰려오니까 교사 한 사람으로는 부족해서 백범도 직접 아이들을 가르쳤다.

그는 아침 일찍 일어나서 늦잠 자는 사람이 있으면 깨우고, 집이 더러우면 청결히 하도록 하고, 짚신이나 미투리, 자리 짜기 등을 시켰다.

그뿐 아니라 열심히 농사를 짓는 사람들에게는 도지세(땅을 빌린 세)도 깎아 주었다.

백범의 이 농촌 운동은 큰 성과를 거두었다. 이듬해 추수 때 거둔 곡

식은 다른 해의 4배나 되었다. 소작인의 집집마다 볏섬이 쌓였다.

"백범 선생 덕에 올 겨울은 배를 곯지 않게 되었어요."

"아무렴요. 백범 선생은 우리 소작인들의 은인입니다."

동산평에서는 노름이 자취를 감추었다.

1918년 11월에 백범은 첫아들 인(仁)을 얻었다. 사십이 넘어 얻은 첫아들이었다. 그 동안 딸들을 잃었던 백범에게는 큰 기쁨이었다. 모두들 자기 일처럼 기뻐했다. 제일 기뻐한 것은 물론 어머니였다.

9. 상하이 임시 정부에서의 활동

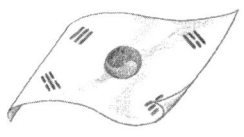

　제1차 세계 대전이 끝났다.
　미국의 윌슨 대통령은 파리에서 열린 평화 회의에서 '민족 자결주의' 원칙을 주장했다. 어느 한 민족이 독립된 나라를 세우느냐 또는 다른 나라의 식민지가 되느냐 하는 문제는 그 민족 스스로가 결정한다는 내용이었다.
　이 민족 자결주의는 우리 나라의 지도자들에게 큰 영향을 주었다.
　"민족 대표 이름으로 독립 선언서를 발표합시다. 먼저 종교 단체를 이 운동에 참가시키는 게 좋겠습니다."
　손병희의 주장으로 종교 단체들이 모였다. 기독교 대표 16명, 천도교 대표 15명, 불교 대표 2명 등 모두 33명이었다. 이들은 최남선이 쓴 독립선언서에 서명하고 독립선언서를 낭독할 날짜와 장소를 정했다.
　1919년 3월 1일 정오, 서울 탑골 공원에 만세 소리가 메아리쳤다.
　"대한 독립 만세!"
　"대한 독립 만세!"
　이날 탑골 공원에 모인 사람들은 빼앗긴 국가의 주권과 민족의 독립을 되찾기 위하여 최후의 한 사람까지 평화적으로 싸울 것을 다짐했다. 거족적인 삼일 운동의 시작이었다.

"일본 사람들은 일본으로 돌아가라!"

사람들은 목이 터져라 만세를 부르며 거리로 달려나가 태극기를 사람들에게 나누어 주었다.

삼일 운동은 우리 국민이 얼마나 독립을 원하는지 전 세계에 알린 운동이었다. 그러나 그 대가로 일본 군대와 경찰의 총칼 앞에 얼마나 많은 백성들이 피를 흘렸는지 모른다. 2만 명이 넘는 우리 동포가 죽거나 부상당했으며, 옥에 갇힌 사람도 5만 명이 넘었다.

그러나 만세 소리는 계속해서 이어졌다.

백범이 살고 있는 황해도의 안악 온정리에서도 3월 11일에 첫 만세 시위가 시작되었다.

독립을 위해 반생을 바쳐 온 백범에게 이 만세 소리는 더할 수 없이 감격스러운 것이었다. 하지만 이제 44세의 장년이 된 그로서는 만세 소리의 감격에만 안주하고 있을 수는 없었다.

백범은 해외로 망명할 것을 결심했다. 철저한 감시를 받고 있어 국내에서는 더 이상 독립 운동을 할 수가 없었기 때문이다. 망명을 결심하고 백범은 감시망을 피하기 위하여 동산평의 농장에서 열심히 일하는 척했다.

망명하기 전날, 백범의 동정을 살피러 왔던 일본 헌병은 소작인들과 열심히 가래질을 하는 백범을 보고 안심하고 되돌아갔다.

이튿날 백범은 아무도 모르게 농장을 빠져나왔다.

그리고 1919년 4월 13일, 백범은 15명의 해외 망명 지사들과 함께 영국인의 배를 타고 마침내 상하이에 도착했다.

이 당시에 많은 독립운동 지사들이 상하이를 망명지로 결정했다. 그것은 상하이 시내에 외국의 주권이 행사되는 조계지(租界地)가 설정되어 있었기 때문이다. '조계'란 중국 안에 있는 외국인이 사는 지역이었다. 중국은 조약에 의하여 조계 안에서는 그들의 법률에 따라

자기 나라 백성을 다스리게 허용했다. 그러므로 조계에는 일본의 주권이 미치지 못했다.

"삼일 운동을 통하여 조선의 독립을 선언하였기 때문에 우리 주권을 대표하며 우리 민족의 주권을 되찾기 위한 지도부가 필요합니다."

삼일 운동 후 국내에서 탈출해 나온 지사와 각 곳에서 모여든 독립 운동가들은 대한민국 임시 정부를 세우기로 했다.

그래서 4월 10일에 임시 헌장을 발표하고, 4월 17일에는 대한민국 임시 정부를 조직했다. 프랑스 조계인 보창로 32호에서 한 일이었다.

그러므로 대한민국 임시 정부의 수립은 삼일 운동의 최대의 산물이었다.

초대 국무 총리는 이승만이었다. 그러나 이승만은 미국에 머물러 있었기 때문에 안창호가 내무 총장 일을 하면서 국무 총리 일까지 맡아보았다.

상하이에 도착한 바로 그날, 백범은 내무부 위원으로 선임되었다. 하지만 백범에게는 꼭 하고 싶은 일이 있었다. 그는 안창호 내무 총장을 찾아갔다.

"임시 정부의 문지기를 하게 해 달라고요?"

백범의 부탁에 안창호는 의아해 하면서 되물었다.

"제가 서대문 감옥에서 뜰을 쓸고 유리창을 닦을 때 저는 '생전에 우리 나라 정부의 정청(政廳)의 뜰을 쓸고 유리창을 닦게 해 달라.'

고 하나님께 기도하였습니다. 그러니 제 청을 꼭 들어주십시오."

안창호는 백범의 말에 쾌히 승낙했다.

그러나 백범에게 맡겨진 것은 임시 정부의 문지기가 아닌 경무 국장의 직책이었다.

"안 됩니다. 순사가 될 자격도 못 되는 사람이 경무 국장이란 당치도 않습니다."

"만일 백범이 사퇴하면 젊은 사람들 밑에 있기를 싫어하는 것같이 오해받을 것이니 그대로 하시오."

안창호의 강경한 권유에 백범은 경무 국장에 취임하게 되었다.

그 당시 경무 국장이 하는 일은 보통 경찰 행정이 아니었다. 일본의 정탐 활동을 방지하고 독립운동을 했던 사람이 일본에 투항하는 것을 감시해야 했다.

백범은 경무 국장의 중책을 충실히 수행했다. 그러면서 한편으로 백범은 '한국 노병회'를 창립하였다.

"노병이란 독립적으로 생계를 영위할 수 있는 영농적 기술을 겸비한 병사를 의미하오. 우리 한국 노병회는 우리 나라 독립을 위하여 10년 이내에 1만 명 이상의 노병을 양성하고, 100만 원 이상의 전쟁 비용을 조성하여 국가 또는 임시 정부가 독립 전쟁을 개시한 때에는 이에 참가하여 출전할 것이오."

백범의 마음에는 오직 조국의 독립뿐이었다.

백범의 아내가 맏아들 인을 데리고 상하이로 건너왔다.

1922년에는 어머니도 건너왔다.

모처럼 온 가족이 함께 모여 살게 되자 백범은 말할 수 없이 기뻤다. 또 둘째 아들까지 태어나 그 기쁨은 더 컸다.

그러나 1924년 1월에 둘째 아들 신을 출산하고 시름시름 앓던 아내가 병으로 세상을 떠났다.

"당신이 남의 나라 땅에서 죽다니 너무 슬프고 분하오."

결혼한 후 줄곧 남편을 위해 고생만 해 온 어진 아내를 잃은 백범의 슬픔은 말로 표현할 수 없었다.

그러나 백범에게는 아내를 잃은 것보다 더 슬픈 일이 생기기 시작했다. 그것은 임시 정부가 힘을 잃어 가는 것이었다.

일본의 탄압이 거세어지자 독립운동을 하던 사람들이 하나 둘 임시 정부를 떠났다. 심지어는 일본의 앞잡이가 되는 사람도 있었다.

독립 운동에 대해서 서로 의견을 달리해 말다툼을 벌이는 일도 많았다. 각각 '독립 전쟁론'과 '외교 독립론' 그리고 '준비론' 등을 주장했다. 거기다가 민족주의와 공산주의의 사상적인 대립도 만만치 않았다.

백범은 나라를 되찾고자 모인 사람들끼리 서로 다투는 것이 몹시 괴로웠다.

"국무 총리인 이승만이 상하이에서의 어려움을 피해 미국에만 머물러 있다는 것은 용납할 수 있는 일이 아니오."

"언제까지 이러고만 있을 수는 없소. 새로운 대표를 뽑읍시다."

1925년 3월에 이승만 탄핵 안이 가결되어 박은식이 임시 대통령으로 취임하였다. 그러나 박은식은 대통령제를 국무령제로 고치고 곧 물러났다.

1926년 12월, 의정원 의장 이동녕이 김구를 찾아왔다.

"백범, 아무래도 국무령을 백범이 맡아 주어야겠소. 이 어려움을 이겨 낼 사람은 백범밖에 없는 것 같소."

백범은 국무령으로 취임하였다. 그리고 다시 1927년에는 개헌을 통해 백범이 주석으로 취임하여 임시 정부는 어느 정도 안정을 되찾게 되었다. 그러나 여전히 자금이 모자라 허덕였다.

"안 되겠다. 내가 아이들을 데리고 가겠다. 아이들이 네 곁에 있으면 나랏일을 하는 데 지장이 많을 것이다."

이렇게 말하고 어머니는 아이들을 데리고 고국으로 돌아갔다.

백범은 그런 어머니가 고마워서 더 열심히 일을 했다. 그는 외국에 나가 있는 동포들에게 편지를 보냈다.

'나라를 되찾고자 노력하는 우리에게 자금을 좀 보내 주십시오.'

그러자 하와이를 비롯하여 멕시코, 쿠바, 미국 등에 있는 동포들이 임시 정부를 도와주기 시작했다.

이 무렵 국제 정세는 급격한 변화를 보이고 있었다.

1929년은 본격적으로 세계 경제의 대공황이 시작된 해였다. 자본주의 나라들은 물가의 폭등과 조업 중단으로 실업자들이 대량으로 발생하여 어려움을 겪어야 했고, 사회주의 운동이 격렬해져 진통을 겪고

있었다.

　이와 같은 국제 정세를 이용하여 일본은 노골적이며 적극적인 침략 정책을 펴 나가고 있었다.

　일본의 대륙 침략의 제1차 목표는 만주 지역이었다. 석탄, 철강 등 군수 산업의 원료 공급지를 확보하는 한편, 만주 지역에 있는 우리 독립운동 단체를 없애기 위함이었다.

　만주는 조선조 말부터 많은 동포들이 이주하여 정착하고 있었기 때문에 애국지사들이 독립군이나 광복군 등 무장 단체를 조직하기가 쉬웠다. 봉오동과 청산리의 김좌진 장군과 이범석 장군의 대승리도 만주의 무장 독립운동 단체의 성과였다.

　그랬기 때문에 일본은 만주에서의 항일 무장 투쟁을 제지하려고 온갖 수단과 방법을 다 동원하였다.

　1932년 3월, 드디어 일본은 만주국이라는 괴뢰 정부를 수립하였다. 대륙 침략의 일차적인 목적을 달성한 것이다. 이것은 만주에 남아 활동하고 있는 독립군들에게 치명적이었다.

　이에 임시 정부 국무 위원회에서는 효과적인 독립 운동의 전개를 위해 수 차례에 걸쳐 회의를 하였다.

　"특무 공작을 결행하기로 합시다. 그래서 침체한 독립 운동을 소생시킵시다."

　특무 공작은 자기 생명을 나라에 바칠 애국 투사를 모집하여 적의 주요 인물을 제거하거나 적의 중요 기관을 파괴하자는 것이었다. 일본에 대항해서 싸울 만한 군대를 갖고 있지 못한 입장에서는 최소한의 인원으로 가장 큰 효과를 낼 수 있는 방법이었다.

"재정난에 허덕이고 있는 임시 정부로서는 대규모의 군사 활동을 할 수도 없고, 작전을 계획한다고 할지라도 일제의 정보망에 누설되는 것이 두려운 형편입니다."

그렇기 때문에 특무 공작은 임시 정부와 한국 독립 운동계의 활성화를 위해 채택한 최선의 방법이었다. 특무대는 이봉창 의거 후 '한인 애국단'으로 불린다.

10. 이봉창 의사와 윤봉길 의사

　임시 정부에서는 특무 공작에 관한 모든 권한을 백범에게 위임하였다. 백범은 이 무렵 국무 위원으로 재무장의 직책을 맡아 어려운 임시 정부의 살림을 꾸려 나가고 있었다.

　백범은 특무 공작 요원으로 조국의 독립을 위하여 자신의 목숨을 버릴 수 있는 굳은 결심이 선 사람들만을 선별하였다. 그리고 임시 정부의 요인들은 물론 각 요원들 사이에도 서로 요원임을 모르게 할 정도로 최대한의 비밀을 보장하도록 노력하였다. 일제의 치밀한 정보망 때문에 철저한 비밀 보장은 절대적인 것이었다.

　한인 애국단의 활동 중에서 가장 대표적인 것은 1932년 이봉창의 도쿄 의거와 윤봉길의 상하이 홍커우 공원 의거라고 할 수 있다.

　이봉창은 1900년에 서울 용산에서 태어났다. 그의 집안은 원래 수원에서 비교적 넉넉한 살림을 유지하던 중농에 속하였다. 그러나 모든 재산을 일제에 징발당하여 생계를 이을 길이 없어져 버렸다. 그래서 열 살이 되어서야 4년제인 문창소학교에 입학하였다. 열아홉 살에는 남만 철도 회사 용산 정거장의 운전 견습생으로 취직했다. 이봉창은 일본 사람의 밑에서 고용살이를 하면서 압박과 횡포를 체험하였다. 더구나 용산에서 직접 경험한 3·1 운동은 그에게 민족 의식을 심어 주었고, 독립 운동에 헌신할 것을 더욱 굳게 결심하게 되었다.

'나 하나 희생해서 민족과 국가의 독립을 성취시킬 수만 있다면 태어난 보람이 있겠다.'

그런 각오를 한 이봉창은 적을 알기 위해서는 적지로 들어가야 한다고 생각했다. 이봉창은 철도 회사를 그만두고 일본으로 갈 결심을 하였다.

일본에서 이봉창은 여러 도시들을 돌아다니며 일본말과 일본의 풍습을 익히고 이름까지 일본식으로 바꾸고는 조국을 위한 거사를 기다리고 있었다.

그러나 좀처럼 기회는 오지 않았다. 동지도 없이 혼자의 힘으로 큰일을 한다는 것이 어렵다는 것을 깨닫게 된 그는 상하이로 가서 독립 운동에 헌신하기로 마음을 바꾸었다.

1931년 1월 중순, 이봉창은 상하이에 도착하였다. 이봉창은 도착하자마자 임시 정부를 찾아가서 자기의 진심을 밝혔다.

"저는 민족과 국가를 위해 자신을 바치고 싶습니다."

그러나 독립운동가들은 그의 말을 믿어 주지 않았다. 그의 일본인 같은 언행 때문이었다.

"일본인 밀정이 분명해."

오해한 그들은 이봉창을 내쫓으려고 하였다.

하지만 백범은 이봉창의 태도에서 남다른 비범함을 보았다. 그래서 이봉창을 찾아가 하룻밤을 같이 지내며 일본 국왕을 처단할 계획을 세웠다.

백범은 그에게 수류탄 2개와 거사 자금 300원을 넘겨주었다.

이봉창은 상하이를 떠나기에 앞서 신변의 안전을 위해 완벽하게 준비를 갖추었다. 그러고는 일본 사람으로 가장하고 일본으로 떠났다.

며칠 뒤 백범은 '물품은 1월 8일에 팔겠음.'이라는 전보를 받았다. 이것은 1월 8일에 일본 왕을 죽이겠다는 암호였다.

기다리던 1월 8일의 아침이 밝았다.

이날은 만주국의 황제인 푸이가 일본을 방문하여 환영식을 하는 날이었다. 빼앗은 만주에 허수아비 나라와 황제를 세우고는 그 황제를 일본으로 불러들여 환영 행사를 하는 것이다. 거기에 일본 왕이 참석하게 되어 있었다.

이봉창은 아침 일찍부터 사람들 틈에 숨어 일왕이 통과하기를 기다렸다. 오후 2시경 관병식을 끝낸 일왕이 행렬이 삼엄한 경비를 받으면서 나타났다. 길가에 늘어선 많은 사람들은 왕이 지나가자 모두 허리를 굽혔다.

"왜왕은 죽어라!"

이봉창은 군중 속에서 뛰어나와 수류탄 하나를 힘껏 던졌다. 수류탄은 요란한 소리를 내며 터졌지만 안타깝게도 거리가 너무 멀어 빗나가고 말았다.

이날 상하이 시가지에는 '한국인 이봉창이 일왕을 저격했으나 불행히도 맞지 않았다.'라고 인쇄된 신문 호외가 뿌려졌다.

아침부터 가슴 졸이며 소식을 기다리고 있던 백범은,

"왜왕은 죽이지도 못하고 아까운 젊은이 하나만 희생시켰구나."

하면서 비통해했다. 그러나 백범과 함께 조국의 독립을 위해 활동하고 있는 많은 동지들은,

"일본 천황이 그 자리에서 죽은 것만은 못하나 우리가 정신상으로는 그를 죽인 것이요, 또 세계 만방에 우리 민족이 일본과 하나 되는 것을 싫어한다는 마음을 전한 것이 되었으니 이번 일은 성공으로 보아야 합니다."

하고 백범을 위로했다.

동지들의 말은 옳았다. 이봉창의 도쿄 의거는 한국 민족의 강인한 독립 정신과 저항 정신을 온 세계에 알린 계기가 되었다.

일본이 신격화하는 왕에게 폭탄을 던졌다는 사실만으로도 한국 독립 운동계와 국내외 동포 사회 그리고 중국에까지도 내난히 큰 영향을 끼치게 된 것이다.

중국의 국민당 기관지인 〈국민일보〉는,

'일본 천황이 한국인 이봉창에게 저격당했으나 불행히도 맞지 않았다!'

라고 대서특필하였다.

이 기사를 본 일본인들은 화가 나서 길길이 날뛰었다.

일본 군대와 경찰은 국민일보사를 습격하여 건물을 파괴하고, 또 '불행히도 맞지 않았다.'라는 기사를 쓴 여러 신문사들을 강제로 폐간시켰다. 한인 독립운동가들에게 끔찍한 보복을 한 것은 물론이다.

현장에서 잡힌 이봉창도 온갖 끔찍한 고문을 당했다. 그러나 그는 굴하지 않고,

"오직 한인 애국단원으로서 일본 왕을 처단하고자 하였다!"

라는 것밖에는 입을 열지 않았다.

이봉창은 일본의 형무소에 수감되었다가 9개월이 지나도록 예심조차 받지 않은 채 비공개 재판에서 사형 선고를 받고 1932년 10월 10일에 생을 마감하였다. 32세의 짧은 생애를 조국의 독립을 위해 헌신한 것이다.

이봉창 의사의 사형이 집행되던 날, 상하이에서는 백범의 명에 따라 전체 애국단원이 단식을 하며 의사의 뜻을 기리고 조국 광복의 염원과 일제에 대한 항쟁을 거듭 다짐하였다.

이봉창 의거 전에 임시 정부 내에서는 특무 공작의 성과 여부에 대해서 회의적인 태도를 보이는 사람들도 있었다. 그러나 도쿄 의거 후 그들의 태도는 달라졌다. 미국과 하와이에 거주하는 한인 동포들까지 백범에게 격려의 편지를 보냈다. 적당한 사업을 하면 필요한 자금을 마련해 주겠다는 편지도 있었다. 독립 운동계에 새로운 활기를 불어넣은 것이다.

백범은 이에 따라 다시 활동 자금을 마련하여 애국단의 활동을 강

화하고 새로운 특무 공작을 준비하였다. 비록 실패했지만 이덕주와 유진식을 국내에 파견하여 조선 총독을 처단하게 하고, 또 한편으로는 유상근, 최흥식을 만주에 보내 일제의 관동군 사령관을 처단하게 하였다.

이 무렵 백범은 윤봉길을 만나게 된다. 백범을 찾아온 윤봉길은 만날 때마다,

"선생님, 도쿄 사건과 같은 계획이 있으면 저를 써 주십시오."
라고 간청하였다. 백범은 윤봉길을 처음 만났을 때 그가 국내에서부터 민족 운동을 해 온 성실한 항일 투사라는 것을 알았지만, 그토록 열정적인 독립 자세를 갖고 있는 것에 감격하였다.

"좋소. 왜놈들이 4월 29일 훙커우 공원에서 천장절 축하식을 성대히 거행한다 하니, 그때에 큰 목적을 달해 봄이 어떻겠소."

백범의 제안에 윤봉길은 서슴없이,

"하겠습니다. 마음이 편안합니다. 준비해 주십시오."
라고 아주 흔쾌히 대답하였다.

일본 신문인 〈상하이 일일신문〉에는 천장절인 4월 29일에 상하이 사변의 전승 기념 행사를 천장절 행사와 겸하여 거행된다는 기사가 실렸다.

"식장에서 매점을 마련하지 않기 때문에 축하식에 참여하는 사람은 점심 도시락 1개, 물통 1개, 일장기 1개만을 가지고 갈 수 있다고 합니다."

이 신문 기사를 본 백범은 곧 준비에 착수했다. 도시락과 물병형의 폭탄 제조를 교섭한 것이다.

'지난번 도쿄 의거는 폭탄의 성능이 부족하여 실패한 것이 분명하다.'

이렇게 생각한 백범은 직접 폭탄의 성능을 실험했는데, 거의 완벽할 정도로 훌륭한 폭탄이었다.

윤봉길은 자신이 이번 거사를 담당하기로 결정한 이후 날마다 천장절 기념식이 거행될 홍커우 공원으로 찾아갔다. 그는 식장을 준비하는 모습을 유심히 살피며 폭탄을 던질 장소와 자신이 서 있을 위치 등을 점검하였다.

4월 26일, 윤봉길은 정식으로 '한인 애국단'의 단원으로 가입한다는 선서를 했다. 선서식이 끝나고 윤봉길은 태극기를 배경으로 하여 한 손에는 도시락 폭탄을, 또 한 손에는 물통 폭탄을 들고 웃는 얼굴로 기념 사진을 찍었다.

드디어 4월 29일의 아침이 밝았다. 백범은 동지인 김해산의 집에서 윤봉길과의 마지막이 될 아침 식사를 함께 하였다.

백범은 밥을 먹으며 가만히 윤봉길을 살펴보았다. 그는 마치 농부가 일터에 나가려고 넉넉히 밥을 먹는 것처럼 침착하게 식사를 하고 있었다.

'얼마나 듬직한 모습이냐. 이런 청년이 있는 한 조국의 광복은 멀지 않다.'

식사가 끝나고 시계가 일곱 번 울리자 윤봉길은 자신의 시계를 꺼내어 백범에게 내밀었다.

"이 시계는 선서식 후에 선생님 말씀대로 6원을 주고 산 시계인데, 선생님 시계는 2원짜리이니 제 것하고 바꿉시다. 제 시계는 앞으로 한 시간밖에는 쓸데가 없으니까요."

백범은 기념으로 윤봉길의 시계를 받고 자기 시계를 윤봉길에게 주었다. 식장을 향해 떠나면서 윤봉길은 그가 가졌던 돈을 꺼내어 백범에게 주었다.

"왜? 돈을 좀 가지고 있는 것이 나을 텐데……."

"자동차 값 주고도 5, 6원은 남아요."

자동차가 움직일 때 백범이 목이 메인 목소리로,

"후일 지하에서 만납시다."

했더니, 윤봉길은 차창으로 고개를 내밀어 공손히 인사를 하였다.

홍커우 공원에 도착한 윤봉길은 태연하게 한 손에는 일장기를, 또 한 손에는 보자기에 싼 도시락 폭탄을, 그리고 어깨에는 물통 폭탄을 메고 식장으로 들어갔다.

천장절 기념식은 아침 9시경에 시작되었다. 11시 40분경에 기념식의 마지막 순서로 일본의 국가가 불려졌다. 노래의 마지막 소절이 막 끝나려고 할 때였다.

"쾅!"

천지를 진동하는 폭음이 홍커우 공원을 뒤흔들었다. 윤봉길이 어깨

에 메고 있던 물통 폭탄을 던져 단 위에 명중시킨 것이다. 식장은 순식간에 아수라장으로 바뀌었다.

폭탄이 명중하는 것을 본 다음 윤봉길은 도시락 폭탄으로 자폭하려 하였으나 달려든 일본 헌병들에게 폭탄을 빼앗겨 버렸다. 윤봉길은 일제의 헌병들에게 뭇매를 맞고 끌려가면서도 성난 사자가 울부짖듯이 "대한 독립 만세!"를 외쳐 불렀다.

윤봉길이 던진 폭탄으로 일제의 거물급 인사들 중에서 중국 주둔군 최고 사령관 시라카와 대장은 중상을 입고 입원을 했다가 5월 24일에 사망했으며, 해군 중장 노무라는 실명, 육군 중장 우에다는 다리를 절단했고, 거류민 단장 가와하시는 그 자리에서 즉사하였다.

그날 오후부터 상하이 거리는 홍커우 공원에서의 폭탄 사건으로 술렁거렸다.

"윤봉길 동지, 참으로 장하오."

김구는 윤봉길의 의거가 성공했음을 알고 속으로 감격의 눈물을 흘렸다.

오후 3시쯤 상하이에는 신문 호외가 뿌려졌다.

홍커우 공원 일인의 천장절 경축대 위에 대량의 폭탄이 폭발하여 민단장 가와하시는 즉사하고, 시라카와 대장, 시게미쓰 공사, 노무라 중장 등 문무 대관이 다수 중상하였다.

일본은 프랑스 영사관에 강하게 항의했다.

"당신네 조계에 있는 조선의 임시 정부가 저지른 짓이오. 당신네 조계를 수색하게 해 주시오."

조계에 거주하는 우리 나라 사람에 대한 일제의 발악적인 검거와 수색이 시작되었다. 엉뚱한 사람들이 일본 경찰에게 잡혀갔다.

"누가 윤봉길에게 폭탄을 던지도록 했지?"

일본 경찰은 모진 고문으로 배후 세력을 알아내려고 하였다.

그때 백범은 윤봉길의 의거가 성공한 것을 알고 상하이 YMCA 주간인 미국인 피치 목사의 집에 피신해 있었다.

"이봉창 의사의 도쿄 의거와 윤봉길 의사의 홍커우 공원 의거가 한인 애국단에 의해 거행되었음을 알려야겠소. 그렇지 않으면 우리 한인 동포와 동지들의 피해가 너무 클 것 같소."

5월 10일에 백범은 '일본 천황에게 폭탄을 던진 이봉창 사건과 상하이에서 시라카와 이하를 살상한 윤봉길 사건의 그 주모자는 백범이다.'라는 내용의 성명서를 피치의 부인에게 번역을 부탁하여 각 통신사에 발표하였다.

그때까지 윤봉길은 끔찍한 고문과 집요한 심문에도 불구하고 그 배후를 밝히지 않고 있었다. 5월 10일 한인 애국단의 성명서로 백범이 이번 사건의 배후 인물임을 발표한 이후에야 그는 그 사실을 인정하였다.

5월 25일, 상하이 파견군 군법 회의에서 윤봉길은 사형 선고를 받았다. 그리고 일본 오사카에 있는 육군 위수형무소에 수감되었다가 12월 19일에 총살형을 당하여 25세로 순국하였다.

형장으로 가기 전 남길 말이 없느냐는 형무소장의 말에 윤봉길은,

남아로서 당연히 할 일을 다했을 뿐이니 만족하게 느낄 따름이다. 아무런 미련도 없다.

라는 친필을 남겼다. 그리고 어린 아들에게는,

너도 만일 피가 있고 뼈가 있다면 반드시 조선을 위해서 용맹한 투사가 되어라. 태극의 깃발을 높이 드날리고 나의 빈 무덤 앞에 한잔 술을 부어 놓으라.

라는 글을 남겼다. 이것이 윤봉길 의사의 의연한 최후였다.

11. 장제스를 만나다

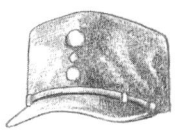

성명서 발표 후 예상대로 김구의 신변은 나날이 위태로워졌다. 일본은 백범을 잡으려고 60만 원의 현상금까지 내걸었다.

이때 뜻밖에도 중국 국민당의 장제스 주석이 그를 찾아서 보호하라는 특명을 내렸다.

한편 여기저기 벌집 쑤시듯 돌아다니던 일본 경찰은 마침내 피치 목사의 집에 눈독을 들이게 되었다. 피치 목사 집의 전화 사용량이 갑자기 많아진 것을 수상하게 생각한 것이다.

어느 날 피치 부인이 당황한 얼굴로 뛰어 들어왔다.

"어쩌면 좋지요? 사복 경찰이 쫙 깔려 있어요."

서둘러 백범은 피치 목사의 옷을 입고 피치 부인과 팔짱을 끼고 자동차에 올랐다. 피치 목사는 운전사인 것처럼 가장을 했다.

일본 경찰 앞을 지날 때는 진땀이 쫙 났다. 아슬아슬한 순간이었다.

상하이를 탈출한 김구는 박찬익이 자싱에 마련해 둔 집으로 피신해서 광둥 사람으로 행세하면서 지냈다.

'국민당 주석인 장제스를 만나서 회담을 갖는다면 좋을 텐데.'

김구는 중국 정부와 외교 활동을 가져야 한다고 생각했다.

1933년 8월, 박찬익은 김구와 장제스의 회담을 성사시켰다.

김구는 중국 국민당 정부가 있는 난징으로 갔다. 회담 장소는 중앙 군관학교 구내에 있는 장제스의 사저였다. 일본과의 관계를 고려하여 공개적으로 만나는 것을 피했기 때문이었다.

김구는 박찬익을 통역으로 대동하고 회담 장소로 갔다.

서로 인사말을 나누고 나서 김구는 누가 들을지도 모르니 글로 대화를 나누자는 의견을 내놓았다. 장제스는 쾌히 승낙했다.

통역관들이 밖으로 나가자 김구는,

"주석께서 돈을 대 주신다면 2년 안에 일본, 조선, 만주 세 곳에서 폭동을 일으켜 일본의 대륙 침략의 다리를 끊을 터이니 어떻게 생각하십니까?"

라고 썼다. 장제스는 고개를 끄덕이더니 그에 관한 자세한 계획서를 제출해 달라고 답을 썼다.

다음 날 김구는 간단한 계획서를 만들어 장 주석에게 보냈다. 그 내용은 대체로 한국, 만주, 중국 등을 침략한 일본 원흉들에 대한 암살 계획이었다.

이 계획에 대하여 장 주석은,

"일본의 천황을 죽이면 천황이 또 있고, 대장을 죽이면 대장이 또 있으니 장래의 독립 전쟁을 위하여 무관을 양성함이 어떻습니까? 운영 경비를 지원하겠습니다."

라는 대답을 보내 왔다. 이것이야말로 김구가 가장 바라던 일이었다.
"그렇게 된다면 더 바랄 것이 무엇이겠습니까! 우리 군사를 가지고 우리 힘으로 우리 땅에서 왜놈을 몰아내는 것이 바로 제 꿈입니다."
이렇게 하여 뤄양의 군관학교에서 한국 청년들이 교육을 받을 수 있게 되었다.
뤄양 분교 내에 설치된 한인 특별반의 정식 명칭은 '중국 육군 중앙 군관학교 뤄양 분교 제2총대 제4대대 육군 군관 훈련반 제17대'였다.
"우리에게는 근대적 군사 지식의 습득과 체계적인 군사 교육이 필요해."

군사, 정치 교육은 한인 교관이 담당하기로 하였으므로 김구는 지청천, 이범석, 오광선 등 독립군 장군을 교관으로 초빙하고, 독립 정신이 투철한 청장년 인재를 모집하는 데 노력하였다.

1934년 2월, 마침내 90여 명의 한인 청년들이 입교하여 본격적인 군사 훈련을 받게 되었다. 완전한 독립 국가를 건설하기 위한 노동자, 농민을 지휘할 수 있는 독립운동 간부를 양성하는 것이었다.

한편 이봉창 사건과 윤봉길 사건 이후 일본 경찰은 안악에 있는 백범의 어머니를 끈질기게 괴롭혔다. 그래서 어머니는 일본 경찰의 눈을 속여 한국을 탈출했다.

군관학교 일로 난징에 가 있던 백범은 어머니가 오셨다는 전갈을 받고 한달음에 자싱으로 달려갔다. 9년 만의 감격적인 만남이었다. 이때부터 어머니 곽 노인은 단순히 김구의 어머니만이 아닌 모든 독립투사의 어머니로 정신적인 지주 구실을 했다.

그렇게 희망과 기대에 찼던 한인 특별반은 안타깝게도 제1기생 65명의 졸업생을 끝으로 문을 닫고 말았다. 중국의 군관학교에서 한국 독립군 간부를 양성한다는 정보를 입수한 일본이 중국 정부에 거칠게 항의했기 때문이다.

"어떻게 정보가 새어 나갔는지 모르겠소. 우리 중국 국민당에서는 이 한인 특별반의 존재를 철저하게 대외 비밀로 했는데 말이오."

정말 그랬다. 입교생들의 이름도 중국 이름으로 바꾸어 학적부를 작성하는 등 겉으로는 중국 군관학교와 똑같이 했다.

백범은 한인 특별반의 무관 양성 계획이 중단되자, 다시 계획을 추진하였다. 한인 특별반 졸업생들과 중국 중앙 군관학교 재학 중인 학생들을 합한 약 80명으로 '한국 특무대 독립군'을 조직한 것이다. 그러고는 1935년 2월부터 한국 특무대 독립군과는 별개의 조직체로 '학생 훈련소'도 설치했다.

"이 학생 훈련소에서는 중국 중앙 육군 군관학교에 입학시킬 한인 청년을 모집하여 예비 교육을 실시할 것이오."

학생 훈련소에 수용된 한인 청년은 처음에는 15명이었으나 10월경에는 30여 명으로 증가했다.

백범의 군사 간부 양성 계획과 그 노력은 일제의 끊임없는 감시와 간섭, 그리고 지원 자금 부족으로 어려움을 겪었지만 그 성과는 놀라웠다.
　한인 군관학교 출신의 졸업생들 중 몇 명은 중국군의 장교로 입대하거나 난징에 있는 중앙 육군 군관학교로 다시 진학하여 군사학을 전공하였다. 그래서 1940년 9월에 한국 광복군이 창설되었을 때, 이들은 대부분 광복군의 중견 장교로서 독립운동 전선에서 활동할 수 있었던 것이다.
　1937년에 중·일 전쟁이 일어났다.
　전쟁은 날이 갈수록 커졌고, 일본 공군은 중국 정부가 있는 난징을 폭격하기 시작했다.
　장제스는 정부를 충칭으로 옮긴다는 전갈을 보내왔다.
　김구는 임시 정부 직원과 백 명이 넘는 동포들을 이끌고 창사 지방으로 옮겨 갔다. 창사는 곡식이 흔하고 물가가 싸서 피난민이 생활하기 편한 곳이었다. 그러나 얼마 지나지 않아 전쟁의 위험은 창사에까지 다가왔다. 그래서 임시 정부를 광저우로 옮겼다가 다시 난하이로 옮겼다.
　1년 동안 대여섯 곳을 옮기며 유랑 생활을 하던 임시 정부가 중국 정부의 지원을 받아 충칭 근처에 교포 마을을 꾸며 정착한 것은 1939년 5월이었다.
　이 무렵 팔십 평생을 독립운동가 아들의 뒷바라지에 바친 어머니

곽낙원이 세상을 떠났다. 그토록 강한 김구였지만 어머니의 죽음 앞에서 목 놓아 울지 않을 수 없었다.

"하나가 되어 힘을 모으지 않는다면 조국의 광복은 단지 꿈일 뿐입니다. 하나가 됩시다."

김구는 여러 독립운동 단체들을 찾아다니며 호소를 했다. 독립운동가들이 공산주의와 민족주의로 갈라져 서로 헐뜯고, 민족주의자들은 또 여러 파로 갈라지고 있었다.

"뜻을 같이하는 우리라도 우선 힘을 합칩시다."

김구는 조소앙, 지청천이 이끄는 단체들과 합쳐 '한국 광복 운동 단체 연합회'를 만들었다.

1938년 5월, 김구를 비롯한 민족주의 진영 대표가 모여 회의를 하는데 괴한 하나가 뛰어들었다.

"탕, 따당!"

괴한이 쏜 총에 맞아 김구와 지청천 등이 쓰러졌다.

모두들 김구는 죽었다고 생각하고 다른 사람들만 병원으로 옮겼다. 하지만 김구는 몇 시간 만에 깨어나 병원으로 옮겨졌다. 가슴에 총을 맞고도 살아난 것이다.

김구를 쏜 자는 이운한이라는 사람이었는데, 일본의 앞잡이인지 공산주의자인지 끝내 밝혀지지 않았다.

건강을 되찾은 김구는 독립운동 단체들을 하나로 합치는 일에 온 마음을 다 쏟았다. 또한 오랫동안 소망해 왔던 광복군 조직에 관한 계획을 중국 측과 의논했다.

김구의 계획서를 본 중국 정부에서는 이번에도 지원을 약속했다. 마침내 1940년 9월에 한국 광복군이 창설되어 중국의 원로급 정치가와 외국 사절단의 축하 속에서 창설식을 성대하게 거행하였다. 비록 남의 나라에서 시작하는 것이긴 했지만 임시 정부 밑에 그토록 원하던 우리의 국군을 창설하게 된 김구의 기쁨은 이만저만이 아니었다.

이러한 때 태평양 전쟁이 일어났다. 1941년 12월 8일, 일본군은 무모하게도 하와이 진주만에 있는 미군 기지를 기습 공격하였다. 일요일, 장병이 모두 외출한 틈을 노린 야비한 공격이었다. 이로써 전쟁은 세계 대전의 성격을 띠게 되었다.

임시 정부는 12월 9일 일본에 대하여 선전포고를 했다.

"……대한민국은 현재 이미 일본 제국주의의 침략을 반대하는 전선에 참가하여 싸우고 있다. 이제 일본 제국주의가 그 침략의 마수를 더욱 넓게 뻗친 만큼, 대한민국은 자유를 사랑하는 우방 여러 나라와 힘을 합쳐 일본 제국주의의 침략을 물리칠 것이다……"

김구는 임시 정부가 국제적으로 승인을 얻기 위해서 온갖 노력을 다했다. 미국이 전쟁에 참가한 이상 일본이 패하고 연합국이 이기리라는 것은 뻔한 일이었다. 따라서 전쟁이 끝난 뒤에 우리 나라의 독립을 보장받기 위해서, 임시 정부가 국제적으로 승인받는 일이 무엇보다 중요했다.

충칭에서 김구의 생활은 더욱 바빠졌다. 사실 충칭에서의 생활은 참으로 고통스러웠다. 충칭은 기후가 나쁜 곳이었다. 아열대여서 추위는 모르는 고장이었으나, 9월부터 이듬해 4월까지는 안개가 끼어 햇볕을 보기가 어려웠고, 분지였기 때문에 공기가 나빴다.

이 기후를 못 이겨 8년 동안에 죽은 우리 동포가 80여 명이나 되었다. 김구의 큰아들 인(仁)도 죽었다.

김구가 일하는 임시 정부 청사는 더럽고 비좁은 방이었다. 이 방에서 종일 일을 하는 그의 몸은 습기 때문에 항상 퉁퉁 부어 있었다. 그런데도 그는 언제나 밤늦게까지 일했다.

매일 임시 정부와 광복군을 후원해 달라는 편지를 미국과 하와이의 동포들에게 쓰는 한편 〈백범일지〉 하권을 썼다.

"아무래도 주석께서 좀 쉬셔야겠습니다. 몸을 돌보셔야지요!"

주위에서 모두들 염려를 했다.

"아니오! 지금이 가장 중요한 때요. 지금 할 일을 하지 않으면 다신 기회가 오지 않소!"

김구의 대답은 언제나 단호했다.

12. 독립은 되었지만

1944년 어느 날이었다. 임시 정부 청사 바깥에서 갑자기 우렁찬 애국가 소리가 들려왔다. 놀라 달려 나간 임시 정부 요인들은 너무 놀라서 벌린 입을 다물 수가 없었다. 가슴에 태극기를 단 50여 명의 청년들이 애국가를 부르며 청사로 달려오고 있었기 때문이다.

"아니, 이 청년들은……?"

놀랍게도 그들은 강제로 일본군에 끌려갔던 우리 나라 대학생들이었다. 중국 전선에 배치된 그들은 목숨을 걸고 탈출해서 임시 정부의 품에 안겼던 것이다.

"고맙소! 고마울 뿐이오!"

김구는 청년들을 하나하나 껴안고 얼굴을 비비며 너무나 벅차서 이 말밖에 하지 못했다.

임시 정부를 찾아 6천 리 길을 걸어온 학도병을 맞은 감격은 무엇에도 비길 수 없는 것이었다.

김구는 이 소식을 곧 장제스에게 전했다. 중국 정부의 반응도 대단하여 한·중 양국은 공동으로 이들의 환영식을 열었다.

그날 저녁에는 임시 정부 청사에서 환영식이 있었다.
내무 부장인 신익희가 먼저 환영사를 하고, 이어 김구가 격려사를 했다.
"조국 대한의 아들 여러분! 여러분을 맞는 내 가슴은 새로운 희망으로 가득 찼고, 마음은 더없이 든든합니다! 그 동안 우리는 전 국민이 일본의 악랄한 정책 때문에 일본 사람이 다 된 것이나 아닌가 생각했는데, 그들에게 항거하여 용감하게 탈출한 여러분을 보니 그저 고맙고 고마울 뿐입니다! 일본 사람들은 한국 사람들이 스스로 일본 사람이 되고 싶어 한다고 세계 만방에 선전하고 있습니다. 그것

이 얼마나 못된 거짓말이었는가를 여러분이 바로 실증해 주었습니다! 이제 일본 놈을 우리 손으로 우리 땅에서 내쫓는 일은 바로 여러분의 어깨에 달려 있습니다……."
백범의 목소리는 떨리고 있었다.
이 사실이 알려지자 충칭의 여러 중국 신문은 이들이 강제로 일본군에 끌려가서 전선에 배치되었다가 탈출한 얘기를 자세하게 실었다. 중한 문화 협회라는 단체에서는 환영회를 베풀어 주기도 했다.
이 환영회에는 서양 여러 나라의 대사관원도 참석했다. 특히 여러 나라의 통신사나 신문사의 기자들도 참석해서 장준하 등 학생들에게 질문을 했다.
"일본은 한국의 젊은이들이 지원해서 입대하고 있다고 선전하고 있는데……."
"거짓말입니다! 일본 제국주의자들은 온갖 협박으로 한국의 젊은이들을 침략 전쟁에 내몰고 있습니다!"
"한국 국민도 일본이 선전하는 것처럼 국민의 권리를 갖고 있습니까?"
"아닙니다. 우리말도 우리글도 쓰지 못하게 합니다. 한국 국민은 심지어 이름까지도 일본식으로 바꾸도록 강요당하고 있습니다. 농사를 지어도 쌀은 모두 일본 놈들이 빼앗아 갑니다. 한국 국민에게는 죽는 권리밖에 없습니다!"
"한국 국민에게도 제대로 교육을 시키고 있나요?"

"한국 국민에게는 어려서부터 일본의 종이 되는 교육만을 시킵니다. 학교에서는 전혀 우리말이나 우리글을 쓰지 못하게 하기 때문에 우리말도 제대로 모르고 우리글도 잘 모릅니다. 그러나 우리들은 어려서부터 중국에는 우리 임시 정부가 있어서 우리 나라 독립을 위해 일본과 싸우고 있다는 말을 할아버지와 아버지에게 들어서 알고 있습니다. 그래서 이번에 조국의 독립을 위해 목숨을 바치겠다는 생각으로 총살당할 위험을 무릅쓰고 임시 정부를 찾아온 것입니다."

이러한 학생들의 말에 우리 나라 사람들은 물론 외국 기자도 크게 감동했다. 그래서 이 사건은 사진과 함께 외국의 여러 신문에 크게 보도되었다.

이 일이 계기가 되어 광복군은 연합군의 주목을 끌게 되었다.

미국은 광복군을 연합군에 편입시켜 공동 작전을 짜자고 제의해 왔다. 이제 광복군도 대한민국의 군대로서 당당히 연합군의 대열에 끼게 된 것이다.

김구는 광복군과 연합군의 합동 작전을 추진하는 한편, 대한민국 임시 정부의 이름으로 일본과 독일에 선전포고를 했다.

미군 전략 사무국(OSS)에서는 광복군 이범석, 김학규 대장과 같이 일본군에서 탈출한 학생들을 중심으로 비밀 군사 훈련을 시켜 공동 작전을 벌일 계획을 세웠다. 김구의 꿈이었던 광복군의 항일 전쟁 참가가 바야흐로 눈앞에 다가온 것이었다.

한편 임시 정부와 중국과의 사이에도 광복군을 독립국의 정식 군대로 인정하는 군사 협정이 이루어졌다.

이 협정에 의해서 중국의 각 포로 수용소에 갇혀 있던 일본군 소속 한국 젊은이는 석방되어서 광복군에 들어오게 되었다. 이렇게 되니 자연 광복군은 더 알찬 군대가 되었다.

예정대로 광복군이 시안에서 3개월의 피나는 훈련을 마쳤을 때, 김구는 미국 작전 부장과 협의하기 위해 시안으로 갔다.

회의는 광복군 제2대대 본부 사무실에서 열렸다.

양국 대표들은 각기 자기 나라 국기 아래 마주 보고 앉았다.

"오늘부터 미국과 대한민국 정부는 공동의 적 일본에 대항하는 비밀 공작을 시작합니다. 양국 대표의 서명이 있겠습니다."

참석자들의 박수 속에서 두 대표는 문서에 서명했다.

그날 밤 먼 여행의 피로에도 불구하고 김구는 기뻐서 잠을 이룰 수가 없었다.

"아아, 남의 나라에서 거지 같은 생활을 하면서도 임시 정부를 지켜 온 보람이 있었다!"

이튿날 김구 일행은 미국 측 대표들과 함께 우리 군대의 특수 훈련 광경을 직접 지켜보았다. 그리고 밤에는 시안성 주석의 집에서 열리는 파티에 초대되었다.

식사가 끝나고 파티가 한창 무르익을 무렵이었다.

전화를 받겠다며 자리를 떴던 주인은 잠시 후 김구를 향해 달려오며 외쳤다.

"백범, 일본이 항복을 한답니다. 일본이 연합군에게 항복을 한답니다!"

"아, 일본이 항복을……."

김구는 맥이 탁 풀려 신음하듯 중얼거렸다. 그토록 바랐던 일본의 항복이었지만 지금은 그것이 기쁜 소식일 수 없었다. 오히려 하늘이 무너지는 듯한 실망의 소식이었다.

미군의 전략 사무국에서 특수 훈련을 받은 우리 광복군이 미국의 잠수함으로 잠입하여 중대한 작전을 수행하려는 순간이었다.

물론 김구가 슬퍼한 것은 그 계획이 물거품이 되었기 때문이 아니었다. 우리 나라가 이 전쟁에서 한 일이 없다는 것이었다.

1945년 8월 15일 낮 12시, 일본 천황은 떨리는 목소리로 항복을 선언했다.

36년간을 일제에 시달렸던 우리 동포들은 기뻐서 날뛰었다.

'연합군의 일원으로 대일 전쟁에 참여할 수 있는 기회를 상실하였으니 임시 정부는 앞으로 어떻게 나아갈 것인가?'

김구는 독립의 기쁨보다 이런 생각으로 밤잠을 이룰 수가 없었.

그는 먼저 대책 회의를 소집하였다.

"일제가 항복한 지금 가장 시급한 것은 광복군 중에서 선발대를 조직하여 광복된 조국으로 속히 달려가 일본군의 무장을 해제하고 국내 치안을 유지하는 일입니다."

회의 결과 이범석을 비롯하여 장준하, 김준엽, 노능서 등과 한국인 2세 미군 장교와 미국 측의 대령 등 모두 45명의 선발대가 구성되었다. 이들은 중무장을 갖추고 8월 18일 여의도 공항에 착륙했다. 그러나 일본군과 충돌이 발생하여 그냥 중국으로 되돌아오고 말았다.

  그때 충칭은 혼란에 빠져 있었다. 중국인들은 전쟁이 끝난 기쁨에 들떠 있었으나 우리 동포들은 어찌해야 할 바를 모르는 채 우왕좌왕하고 있었다.

  임시 정부는 김구가 시안에서 아직 머물고 있는 동안에 임시 의정원을 소집했다. 이 자리에서는 갖가지 의견이 나왔다.

  "우리 나라가 해방되었으니, 임시 정부의 국무 위원은 총 사직해야 합니다!"

  "임시 정부를 해산하고 국내로 들어가야 합니다."

  의견은 많았지만 좀체 결론이 나지 않았다.

  "김구 주석이 시안에서 곧 돌아온다니 좀 기다려 봅시다."

  임시 의정원은 사흘간 정회를 하고 그가 돌아오기를 기다렸다.

  충칭에 도착하자마자 김구는 의정원에 나갔다. 그리고 사람들에게 단호하게 말했다.

  "듣자니 우리 임시 정부를 해산하자는 의견도 있고 국무 위원이 총 사직해야 한다는 의견도 있는 것 같은데, 이것은 절대로 안 되는 일입니다. 지금 우리 임시 정부는 기미년 3월 1일 국내에서 피를 흘린 결과로 13도의 대표가 모여 조직한 것입니다. 너무 압박이 심했기 때문에 국내에서 못 하고 상하이에서 조직한 것뿐입니다. 지금 우리가 할 일은 빨리 서울에 들어가 전체 국민 앞에 이 정부를 그대로 바쳐야 합니다. 그때까지는 어떠한 일이 있어도 우리 임시 정부는 그대로 유지해야 합니다."

모두 김구의 의견에 찬성했다. 임시 정부는 해방된 조국에 정통 정부의 자격으로 귀국하기로 결정한 것이다.

임시 정부는 중국 지구 미군 총사령관 웨드마이어에게 '귀국 후 국내 치안 유지는 임시 정부에 맡기고, 미군정은 임시 정부의 정치 활동에 대해 간섭하지 말라.'는 등 4개항의 조건을 제시했다.

그러나 미군 총사령관은 '정부 자격으로 귀국할 수 없음. 개인 자격으로 귀국할 것.'이라는 회답을 보내왔다. 한국에는 이미 미군이 군정을 실시하고 있다는 것이 그 핑계였다.

말도 안 되는 일이었다. 임시 정부 요인들은 개인 자격으로 귀국하지 않으면 안 되었다.

김구는 충칭을 떠나기 전에 강 건너 화강산에 있는 어머니의 무덤과 아들 인의 무덤을 찾아 꽃다발을 놓았다. 독립운동을 하는 아들 뒷바라지에 잠 한 번 따뜻하게 자지 못한 어머니요, 사랑의 손길 한 번 제대로 맛보지 못한 채 살다 간 아들이었다. 먼 이국 땅에 두고 갈 두 무덤에 마지막 꽃을 놓으면서 그는 목이 메었다.

그가 충칭을 떠난 것은 11월 5일이었다. 전날 저녁에는 장제스 부부가 성대한 송별회를 열어 주었다.

그 자리에서 김구는 이렇게 말했다.

"나는 일본의 항복이 기쁘지 않습니다."

"아니, 그게 무슨 말씀입니까? 전쟁이 끝난 것이 기쁘지 않습니까?"

"일본이 2주일 후에 항복하든지, 아니면 2주일 전에 항복했어야 합니다. 2주일 후라면 대한민국 광복군이 연합군과 공동 작전을 펴 우리 나라 힘으로 나라를 되찾았을 것입니다. 또 2주일 전이었다면 소련이 연합군에 들어오지 않았을 것입니다."

모두들 고개를 끄덕였다. 김구는 소련의 참전으로 인해 공산주의자들이 날뛸 것을 염려했다.

중국을 떠나면서 김구는 담화를 발표했다. 그 동안 독립운동을 지원해 준 중국 정부와 국민에게 고마움을 표시하고, 앞으로 한국에 들어가서 할 일을 알리기 위해서였다.

"우리들이 조국으로 돌아가는 것은 한국의 독립, 한국 사람의 자유, 또 통일된 한국을 수립하기 위해서입니다. 우리 임시 정부 및 중국에 있는 동포는 우리 땅을 남쪽과 북쪽으로 나누어 미군과 소련군이 점령하는 것을 반대합니다."

두 나라 군대가 우리 땅을 둘로 나누어 점령하게 되면 영원히 둘로 갈릴지 모른다고 그는 걱정했던 것이다.

13. 조국으로 돌아오다

김구와 임시 정부 요인들은 중국 정부의 따뜻한 환송을 받으면서, 그들이 내어 준 비행기 두 대에 나누어 타고 상하이로 향했다.

비행기는 홍커우 신공원에 착륙했다. 그곳에는 아침 6시부터 동포 6천여 명이 나와 김구와 임시 정부 요인들이 도착하기를 기다리고 있었다.

"대한 독립 만세!"

"대한민국 임시 정부 만세!"

"김구 주석 만세!"

만세 소리와 태극기의 물결에 김구는 그저 감개무량할 뿐이었다.

김구는 단 위로 올라가 동포들에게 인사말을 했다. 그 자리는 바로 윤봉길이 13년 전 일본의 시라카와 대장을 비롯한 원수들에게 폭탄을 던진 그 자리였다.

"오오, 이곳이 바로 윤봉길 의사가 원수 시라카와를 죽인 홍커우 공원이 아닌가……."

이렇게 그의 말이 시작되자 동포들은 감동으로 느껴 울었다. 군중의 흐느낌 소리에 목이 메어 백범은 잠시 말을 끊었다.

"내가 살아서 여러분 동포들의 모습을 대하니 그저 목이 멜 뿐입니다. 우리 땅을 짓밟고, 우리 백성을 죽이고 괴롭히던 저 왜적은 이제 물러갔습니다. 우리는 이제 독립된 한국, 자유롭고도 복된 한국을 우리 땅에 세울 수 있게 되었습니다······."

백범은 상하이에서 옛 동지들을 찾아보면서 10여 일을 묵었다. 미 군정에서 보낼 비행기를 기다려야 했다. 그 동안 그는 프랑스 조계 공동 묘지에 있는 아내의 무덤도 찾았다.

11월 23일 오후 1시, 김구 일행은 미국 비행기로 상하이를 떠났다. 이제 그의 나이 일흔이었다.

44세에 고국을 떠나 상하이에서 13년, 자싱과 난징 등지에서 7년, 그리고 충칭에서 다시 7년, 무려 27년이란 긴 세월을 조국의 독립을 위해서 싸워 온 중국 땅을 떠나는 것이었다.

일행은 김구를 비롯하여 부주석 김규식, 국무 위원 이시영, 선전 부장 엄항섭과 학병 출신 장준하 등 15명이었다.

비행기가 황해를 가로질러 나는 동안 비행기 안은 조용했다. 모두들 저마다 가슴이 벅차서 입을 열지 못하고 있는 것이었다. 김구도 눈을 지그시 감은 채 지나온 긴 망명의 세월을 되새기고 있었다.

갑자기 누군가가 목 메인 소리로 외쳤다.

"아, 보인다. 저기 한국 땅이 보인다!"

과연 비행기 밖으로 저 멀리 꿈에도 그리워하던 조국 땅이 내려다

보이기 시작했다.

"동해물과 백두산이 마르고 닳도록……."

모든 사람들의 입에서는 절로 애국가가 합창이 되어 나왔다. 그것은 노래라기보다 울음이었다. 노혁명가 김구의 두터운 안경에도 뽀얀 김이 맺히고, 그것이 그대로 두 줄기 눈물이 되어 볼을 타고 끝없이 흘러내렸다.

오후 4시 5분, 비행기는 김포공항에 착륙했다. 그러나 공항에는 그들을 환영하러 나온 사람이 아무도 없었다. 드넓은 김포 활주로에는 환영 인파 대신 미국 당국에서 보낸 장갑차 한 대만이 덩그러니 백범을 맞이하고 있었다. 일평생을 조국의 독립을 위해 몸 바친 노혁명가에게 미군정은 이처럼 무례한 대접을 했던 것이다. 한국 국민 가운데 김구를 따르는 사람이 너무 많은 것을 겁내, 그가 돌아오는 정확한 날짜와 시간을 국민에게 알리지도 않았던 것이다.

일행은 미군 장갑차를 타고 아무도 환영하는 이가 없는 서울로 들어섰다. 그러고는 임시 정부 환영 준비 위원회가 숙소로 마련해 준 최창학의 집인 죽첨장(후에 경교장으로 바뀜)에 짐을 풀었다. 그러나 이때까지도 환영 위원회에서조차 김구 일행이 도착했다는 소식을 모르고 있었다.

미군정이 김구 일행을 이토록 푸대접한 것은 진짜 애국자는 거추장스러웠기 때문이다. 그렇다고 미군정 당국은 김구를 전적으로 무시할 수는 없었다. 그래서 그가 도착한 지 2시간이 지나서야 미군 총사령관 하지의 이름으로,

"오늘 오후 4시 김구 선생 일행 15명이 서울에 도착했다. 오랫동안 해외에 망명했던 김구 선생 일행은 개인 자격으로 서울에 돌아온 것이다."

라고 짤막한 성명을 발표했다.

이 짤막한 성명이 방송을 통해 나가자, 서울 거리는 갑자기 술렁대기 시작했다. 수많은 사람들이 경교장을 향해 떼지어 몰려왔.

이승만 등 먼저 들어와 있던 혁명가들이 달려오고, 이어 기자들이 몰려들었다.

8시에는 엄항섭이 김구를 대신해서 귀국 성명을 발표했다.

그 동안에도 경교장이 있는 서대문 일대는 김구의 모습을 보려는 사람들로 인산인해를 이루었다. 경교장 밖 길은 완전히 막힐 지경이었다.

"김구 주석이 정말 오셨습니까?"

"그 모습을 보게 해 주십시오!"

"목소리만이라도 들려주십시오!"

사람들은 문 밖에서 아우성을 쳤다. 너무 반가워서 엉엉 우는 사람도 있었다.

다음 날인 24일, 김구는 정식으로 첫 기자 회견을 가졌다.

"개인 자격으로 환국하였다고 발표되었는데 어떻게 된 것입니까?"

기자들의 질문에 백범은,

"우리 나라에는 현재 군정이 실시되고 있는 관계로 대외적으로는 개인 자격이 될 것이나 우리 한국 사람 입장으로 보면 임시 정부가 환국한 것입니다."

라고 임시 정부의 입장을 분명히 발표하였다.

미군정 당국은 김구의 목소리를 직접 듣고자 하는 온 국민의 열망을 무시할 수가 없어, 그가 직접 방송할 것을 허가해야 했다. 그러나 시간은 단 2분 안에 해야 한다고 못을 박았다.

"아니, 이 사람들이 장난을 하는 건가?"

어이없어하는 장준하에게 김구는 웃으면서 말했다.

"그저, 나 여기 왔소, 이 말만 하면 되는 게 아닌가!"

온 국민의 기대가 김구에게만 쏠리는 것을 은근히 두려워하는 미군정의 속마음을 김구는 잘 알고 있었던 것이다.

드디어 저녁 8시, 김구의 목소리가 방송을 타고 전국 방방곡곡에 울려 퍼졌다.

"친애하는 동포 여러분! 27년 동안 꿈에도 잊지 못하고 있던 조국 강산에 발을 들여놓게 되니 감개무량합니다. ……앞으로 여러분과 같이 우리의 독립 완성을 위하여 진력하겠습니다. 앞으로 전국 동포 모두가 하나가 되어 우리의 국가 독립의 시간을 최소한도로 줄입시다……."

감동을 억제한 것 같은 떨리는 그의 목소리를 들으며 온 국민은 감격의 눈물을 흘렸다.

이때 나라 안 사정은 어지러울 대로 어지러웠다. 북위 38도선을 경계로 해서 북쪽에는 소련군이, 남쪽에는 미군이 군정을 펴고 있었다. 게다가 우리 민족의 지도자들은 여러 갈래로 갈라져, 각기 우리 나라 사람들에게 알맞은 정부를 세우겠다고 장담을 하였다.

그 가장 큰 갈래는 공산주의를 믿는 사람들과 민족주의자들이었다. 이들은 같은 민족이면서도 마치 철천지원수처럼 서로 헐뜯으며 싸웠다. 이 두 갈래뿐이 아니었다. 10월에 미군정 당국이 정당 및 사회 단체의 등록을 실시했을 때, 등록한 정당의 수가 무려 205개에 달했다는 것만 보아도 당시의 정치가 얼마나 어지러웠던가를 짐작할 수 있다.

이럴 때 김구와 임시 정부 요인들이 귀국했으니, 그들에 대한 백성들의 기대가 더 클 수밖에 없었다.

김구는 기회 있을 때마다 강조했다.

"국토의 분단은 절대로 있을 수 없다! 계급과 정파를 초월해서 온 민족이 단합하여 하루바삐 통일된 민주 공화국을 수립해야 한다!"

1945년 12월 19일, 서울운동장에서 수만 군중이 모여 임시 정부 개선 환영식을 열었을 때도, 그는 힘주어 말했다.

"…우리 민족 하나하나의 핏줄 속에는 단군 할아버지의 신성한 피가 흐르고 있습니다. 몇몇 친일파와 민족 반역자를 제외한 우리 모든 한국 동포는 마치 한 사람같이 단결해야 합니다. 오직 이러한 단결이 있은 후에야 우리의 독립 국가를 이룩할 수 있고, 38선을 쳐 없앨 수 있습니다."

김구는 민족이 한데 뭉쳐야 한다는 그의 뜻을 실현시키기 위해서 여러 정당이나 단체의 지도자들과 만나 얘기했다. 공산주의자와도 만나고 민족주의자와도 만났다.

이렇게 분주한 나날을 보내던 12월 어느 날이었다.

모스크바에서 열린 미국, 영국, 소련 세 나라 외무부 장관의 삼상회의에서 한국을 독립시키기 전에 5년 동안 미국, 영국, 소련, 중국 네 나라가 신탁통치를 실시하기로 했다는 소식이 들려왔다. 한국 국민에게는 아직 독립 국가를 세울 능력이 없다는 것이었다.

"무엇이? 신탁통치를 한다고?"

김구는 크게 노했다. 한평생을 오로지 조국의 해방과 자주 독립만을 위해 싸워 온 김구였다. 이제 독립이 바로 눈앞에 다가온 때에 다시 신탁통치라니, 마른하늘에 날벼락이 아닐 수 없었다.

김구는 급히 임시 정부의 국무 회의를 소집했다.

"신탁통치는 천부당만부당한 결정입니다!"

"이제 우리는 신탁통치 반대 운동을 제2의 독립 투쟁으로 삼아야 합니다. 우리 민족 전체가 일어나 싸워야 합니다."

국무 회의는 이 신탁통치 안에 대해 결사적으로 반대할 것을 결의했다.

신탁통치 반대 운동은 뜨겁게 퍼져 나갔다. 각 정당과 사회 단체 및 학생들은 날마다 격렬한 시위에 들어갔다. 이 반탁 운동만큼은 공산주의 세력이나 민족주의 세력을 가리지 않고 한뜻으로 뭉쳤다. 아니 적어도 처음에는 그랬다.

마침내 31일에는 김구와 임시 정부가 이끄는 신탁통치 반대 운동이 서울운동장에서 거행되었다. 영하 20도를 넘는 추위였다. 이 대회에는 각 정당과 사회 단체는 말할 것도 없고 일반 시민과 학생들이 수만 명 참석해서, 우리 민족이 어떠한 생각을 가지고 있는가를 알렸다.

"신탁통치를 결사 반대한다!"

"3천만은 죽음으로써 독립을 쟁취하자!"

"38선을 즉각 철폐하고 모든 외국군은 이 땅에서 떠나라!"

대회가 끝나자 군중들은 시가 행진에 들어갔다. 이것은 삼일 운동

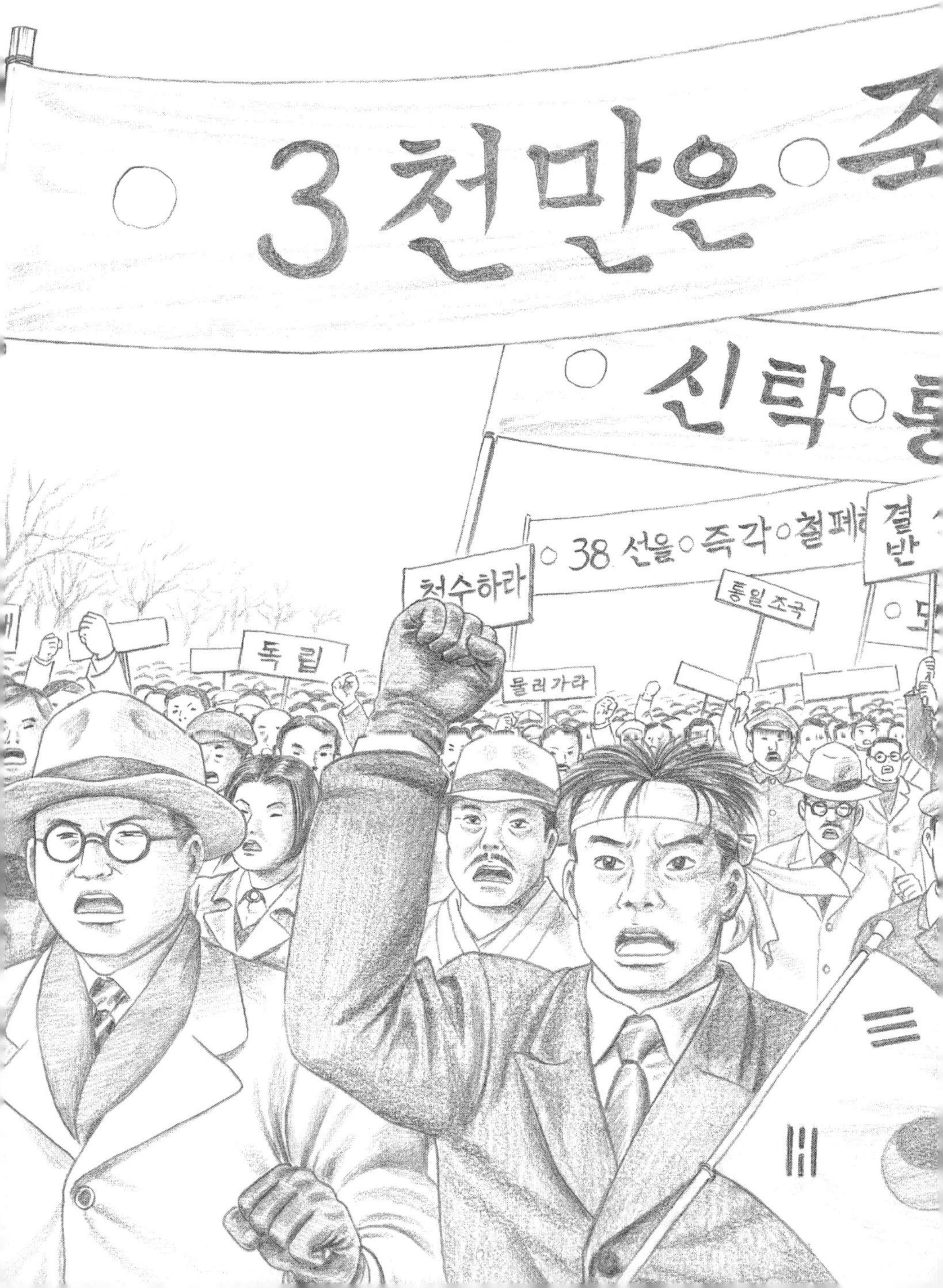

3천만은
신탁
38 선을 즉각
철수하라
통일조국
독립
물러가라

이후 가장 큰 전 민족적 시위였다.

　반대 시위는 전국적으로 번져 갔다. 군정청 밑에서 일하는 공무원들까지도 미군정 당국의 말을 듣지 않고, 임시 정부의 김구 주석의 지휘에 따르겠다고 나섰다.

　1946년 1월 4일에 김구는 비상 정치 회의 주비회를 소집하여, 임시 정부를 확대 강화하고 과도 정부를 수립한다는 '당면 비상 대책'을 발표하였다. 김구의 호소에 따라 반탁 시위의 규모는 더욱 커져 갔으며, 전국적인 저항 운동의 양상으로 발전해 갔다. 신탁통치에 대해서 한국 국민이 이토록 거세게 반대하자, 연합국 측은 주춤했다. 미국과 소련이 더 연구해서 하자는 것이지 금방 실시하겠다는 것은 아니라면서 우물쭈물 꼬리를 빼기도 했다.

14. 오직 통일된 조국을 꿈꾸며

새해가 되었다. 김구가 그렇게 애를 썼지만, 여러 갈래로 갈라진 지도자들은 좀체 하나로 뭉쳐지지 않았다. 나라 안은 계속 어지러웠다.

이런 어지러운 가운데서도 그로서는 따로 할 일이 있었다. 38선이 가로막혀 이북은 갈 수 없지만, 사랑하는 조국 땅을 비록 이남 땅만이라도 골고루 밟아 보고 싶은 꿈을 실현하는 일이었다. 그래서 조국에 돌아와 처음으로 일흔한 살의 늙은 몸을 이끌고 전국 순회의 길에 올랐다.

김구가 제일 먼저 간 곳은 인천이었다. 이곳은 그에게는 더없이 뜻 깊은 곳이었다. 인천 시민의 열렬한 환영을 받으면서 그는 이곳 저곳을 돌아보았다. 특히 수감되어 있던 감옥 앞에서는 오랫동안 돌아설 줄 몰랐다.

'얼마나 많은 애국자들이 저 안에서 죽어 갔던가!'

그의 두 눈에는 뜨거운 눈물이 흐르고 있었다.

두 번째로는 공주로 갔다. 충청 남북도에서 10여 만의 동포가 모여 그를 환영했다. 마곡사 주지는 공주까지 그를 마중 나왔으며, 절 입구에는 남녀 승려가 줄지어 서서 48년 전에 머리를 깎고 잠시 이 절에 머물렀던 늙은 혁명가를 맞이했다. 절에서 하룻밤을 묵은 그는 윤봉길 의사의 고향인 덕산을 찾았다. 그날은 바로 윤봉길이 폭탄을 던져 시라카와 등 왜적을 죽인 4월 29일이었다. 김구는 미망인과 친지가 모인 가운데서 14주년 의거 기념식을 올렸다. 해방만 되면 모든 문제가 해결될 줄 알았는데, 오히려 지금 민족과 국토가 분열될 위기에 놓인 일을 생각하니 김구는 윤봉길의 영전에 설 면목이 없었다.

"……지금 나라는 두 동강 나고 민족은 좌우로 갈라져 피비린내 나는 싸움을 하고 있습니다……."

추도사가 끝나기도 전에 김구는 제단 앞에 엎드려 크게 통곡했다.

이를 계기로 해서, 서울로 돌아온 뒤에 김구는 도쿄에 있는 박열에게 부탁해서 윤봉길, 이봉창, 백정기 세 의사의 유골을 본국으로 모셔오게 해서 유골을 효창공원에 안장했다.

그는 조국 땅 순례를 계속하여 진해, 통영, 사천, 고성, 여수, 목포, 광주, 함평, 나주, 김제, 전주를 두루 돌았다. 가는 곳마다 국민들은 열렬히 이 노애국자를 환영해 주었다. 한때 그가 피신해 있던 보성의 안동 김씨 마을에서는 그를 위해 솔문까지 세우고 새로 길닦이까지 했다. 동포들의 따뜻한 환영에 김구는 크게 감동을 했다.

다시 그는 북쪽으로 올라와 개성, 연안 등지도 돌았다. 이 길은 그가 해주 감옥에서 인천으로 끌려갔던 길로, 어머니가 따라오시며 눈물짓던 곳이었다. 그는 한 곳을 눈어림으로 가리키며 수행하는 이들에게 말했다.

"저곳이 바로 어머님이 앉아 쉬시던 곳이지!"

그 이듬해인 1947년에 그는 아들 신을 중국에 보내 동지인 이동녕, 차이석의 유해와 어머니, 맏아들 인, 그리고 상하이에 묻힌 아내의 유해를 모셔 왔다. 그는 위대한 혁명가일 뿐 아니라 의리 있는 동지요, 효성이 지극한 아들이요, 자상한 남편이요, 인자한 아버지이기도 했던 것이다.

날이 갈수록 나라 안은 더 어수선하고 어지러워 갔다.

모스크바 삼상회의의 결정에 따라 서울에서 미국과 소련 두 나라가 미소 공동 위원회를 열었지만 언제나 의견이 맞섰다. 38선을 경계로

남쪽과 북쪽에 주둔하고 있는 미국과 소련은 각각 자기들의 뜻에 맞는 정부를 세우려 했기 때문이었다.

그렇잖아도 좁은 땅이 남과 북으로 갈리니 나라 살림은 더욱 어려워졌다. 남쪽의 식량이 북쪽으로 가지 못해 북에서는 먹고살기가 어려워지고, 북쪽의 전기와 공업 제품이 남쪽으로 오지 못해 남에서는 그에 못지않은 불편을 겪었다. 그런데도 많은 정치인과 지도자들이 사태를 바로 보지 못하고 미국과 소련 두 나라를 등에 업고 권력을 잡으려는 데 마음이 기울어져 있었다.

김구는 이래서는 안 되겠다고 생각했다.

'미국과 소련의 군대가 이 땅에 주둔해 있는 한 38선은 결코 없어지지 않을 것이다. 통일 정부 수립을 미국과 소련에 의존해서는 안 된다. 오히려 국민 사이의 분열만 더욱 심해지고 있지 않은가.'

그는 적극적으로 정치 일선에 뛰어들었다.

"우선 민족 진영만이라도 총 단합해야 합니다. 모든 단체를 해산하여 '국민회의'라는 한 단체로 모입시다. 그리고 미소 양군의 즉각 철수와 한국민이 자주적으로 정부를 수립한다는 성명서를 내고, 승인을 연합국에 요구합시다. 우리의 통일 정부는 우리만이 세울 수 있습니다. 외국에 의존해서는 안 됩니다. 아무도 우리를 위해서 통일 정부를 세워 줄 수 없다는 것을 알아야 합니다."

이것이 그의 강한 신념이었다.

이때, 미소 공동 위원회에 의해서 통일 정부가 수립되기를 기대할 수 없음을 깨달은 민족 진영 일부에서는, 남한만이라도 독립을 해야 하지 않겠느냐는 여론이 일어나기 시작했다. 그래야만 이 혼란을 이겨 내어 국민이 안심하고 살 수 있다는 구실이었다.

"무슨 소리야! 통일 정부가 아니면 안 돼! 지금 단독 정부를 세웠다간 나라가 영원히 두 동강이 나고, 겨레가 서로 피를 흘리게 돼!"

단독 정부 수립에 대한 말을 들을 때마다 김구는 단호하게 말했다.

그러나 미국에서 돌아온 이승만은 적극적으로 단독 정부 수립 운동을 펴 나갔다. 지위를 탐내는 사람들이 그의 주위에 모여들었다.

이러한 때, 온건한 사회주의 계열의 지도자인 여운형이 암살당했다. 그러자 좌익계는 공공연히 미군정에 대항하기 시작했고, 미군정은 심하게 좌익계를 탄압했다. 좌익계에 대한 탄압이 심해지자 소련은 더 이상 미군과 통일 정부 수립을 얘기할 수 없다고 주장했다. 미소 공동 위원회는 다시 깨져 버렸다.

미국은 의견 대립이 심한 미소 공동 위원회에서는 아무 일도 할 수 없다고 생각했다. 그래서 남북 총선거 안을 토의할 미국, 소련, 영국, 중국 네 나라의 회담을 개최하자고 소련에 제의했다. 소련은 이를 거부했다.

미국은 이 문제를 유엔 총회에 붙였다.

"남북한 통일 정부 수립을 위한 총선거 실시와 통일 정부 수립 이후 미소 양군의 철수를 감시하기 위한 '유엔 한국 임시 위원단'의 설치를 요구합니다."

이런 미국의 제안이 통과되어 9개국(오스트레일리아·캐나다·중국·엘살바도르·프랑스·인도·필리핀·시리아 및 우크라이나)으로 구성된 유엔 한국 임시 위원단이 1948년 1월에 활동을 시작했다.

남한에 주둔해 있던 미군정 당국은 적극적으로 이 위원단의 활동에 협조했다. 그러나 이것이 한국을 미국의 속국으로 만들 음모라고 주장하는 소련군 사령부는 협조를 거부했다. 위원단은 북한 땅에는 들어갈 수가 없었다.

이승만과 '한국 민주당' 등 우익 세력은 남한만의 총선거가 불가피하다는 것을 강하게 주장했다.

"하루바삐 남한 단독 정부라도 세워야 합니다. 그것만이 우리 나라가 살길입니다."

한국 민주당을 중심으로 한국 독립 정부 수립 대책 위원회가 만들어져 선거 준비가 시작되었다. 서서히 조국 분단의 조짐이 보이기 시작한 것이다.

"아니, 이 사람들이 도대체 뭘 하는 건가! 안 된다! 통일 정부가 아니면 안 돼!"

김구는 먹고 자는 일도 잊고 바쁘게 일했다. 조국이 둘로 갈라지는 것을 보고 있을 수는 없었다. 그는 많은 국내의 인사들을 만나 설득하고 호소했다. '유엔 한국 임시 위원단'에 의견서도 제출했다.

'통일된 완전한 자주 정부의 수립, 남북한 정치범의 석방, 남북 지도자 회의 등을 하게 도와주십시오.'

그러자 한국 독립 수립 대책위원회에서 김구를 비난하기 시작했다.
"김구는 국제 정세를 모르는 사람이다."
대부분의 민족 진영 지도자들이 남한만의 총선거 실시를 주장했다. 상하이 임시 정부 때부터의 동지인 김규식, 조소앙 같은 이들만 뜻을 같이해서 단독 정부 수립에 반대했다.

1948년 2월 중순에 김구는 '삼천만 동포에게 눈물로써 고함'이라는 성명을 발표했다. 통일 정부 수립만이 우리의 살길임을 눈물로써 호소한 이 성명은 많은 동포를 울렸다.

"…오늘에 있어 나의 유일한 염원은 3천만 동포와 손목 잡고 통일된 조국, 독립된 조국의 건설을 위하여 공동 분투하는 것뿐이다. 이 육신을 조국이 바란다면 당장 제단에 바치겠다. 나는 통일된 조국을 건설하려다가 38선을 베고 쓰러질지언정 일신의 구차한 안일을 취하여 단독 정부를 세우는 데는 협력하지 아니하겠다."

김구는 유엔 한국 위원단과 소련군 대표부를 통해 이북에 있는 김두봉에게 편지를 보냈다. 조국의 통일과 자주 독립을 위해 협조해 달라고 호소한 것이다.

그러나 이러한 통일 정부 수립에 대한 노력을 비웃듯 남한에서만 총선거를 실시한다는 정보가 외신에 실렸다. 또한 이승만은 정식으로 '남한만이라도 즉시 정부를 수립해야 한다.'는 주장을 발표했다.

김구는 놀라서 남한만의 총선거와 단독 정부 수립을 반대하는 의견을 발표했지만, 이승만과 한국 민주당은 끈질기게 단독 정부 수립을 주장하면서 선거 준비를 해 나갔다. 따라서 김구와 이승만의 사이는 걷잡을 수 없이 멀어졌다.

이때 북한에서 방송과 편지를 통해 김구와 김규식 등 단독 정부를 반대하는 지도자를 초청했다.

상하이 시절부터 공산주의자들에게 여러 번 속은 일이 있는 김구였다. 그러나 백 번을 더 속더라도 그들과 한자리에 앉아 통일 정부 수립을 의논해야 한다는 것이 그의 심정이었다.

"나라가 두 동강이 나는 것은 어떻게든 막아야 하오."

그는 평양으로 가기로 결심을 했다. 김규식과 조소앙도 김구와 뜻이 같았다.

김구가 남북 협상을 하기 위해 평양으로 간다는 소식이 전해지자 그를 비난하는 소리, 모략하는 소리가 빗발쳤다. 심지어 그를 가리켜 빨갱이가 다 됐다고 욕하는 사람도 있었다. 그의 북행을 저지하려는 학생들의 시위도 끊이지 않고 일어났다.

그러나 그의 결단을 찬양하고 따르는 사람도 적지 않았다. 그 가운데서도 문화인 108명이 남북 협상을 지지하는 성명서를 발표한 것은 김구에게 적지 않은 힘이 되었다.

"이 성명서야말로 통일을 갈망하는 삼천만의 목소리야!"

이북에서 회담 날짜로 정한 4월 18일. 김구는 북행을 저지하려는 수많은 청년 학생들이 경교장을 에워싸고 있어 집을 빠져나갈 수가 없었다.

"선생님, 가셔선 안 됩니다. 가시면 공산당에게 붙잡혀서 돌아오지 못합니다!"

19일에는 더 많은 사람들이 몰려들었다.

"못 가십니다! 가시면 안 됩니다!"

청년들은 땅에 드러누워 그가 떠나려는 것을 막았다. 마침내 김구는 이층 베란다로 나갔다.

"학생 여러분!"

김구는 가라앉은 목소리로 첫마디를 꺼낸 다음 주위를 훑어보았다. "여러분들 말대로 공산주의자와 협상한다는 것이 소용없다 해서 아예 얘기조차 않는다면, 도대체 우리는 누구와 얘길 해서 통일을 해야 하지? 현실적으로 지금 북한 땅은 그들이 다스리고 있어. 그들과 얘길 않겠다는 건 아예 통일을 포기한다는 건데, 그렇다면 피를 흘리는 싸움을 해서 해결하자는 말인가? 통일이 아니고는 우리는 살 길이 없어! 단독 정부를 세운다는 것은 나라를 영원히 갈라놓는 일이야!"

김구의 이 나라를 사랑하는 말에 청년 학생들은 조용해졌다.

그날 2시경에 김구는 비서 선우진과 아들 신을 데리고 집을 떠났다. 집 뒤 울타리 판자를 뜯고 대기시켜 놓았던 차를 탄 것이다.

날이 어둑어둑할 무렵 그는 38선에 도착했다. 그는 여기서 기자들의 요구에 따라 한숨을 쉬며 38선 푯말 앞에 서서 사진을 찍었다.

"38선을 넘는 소감을 말씀해 주십시오."

기자의 질문에 그는 대답했다.

"여기까지 와서 또 무슨 말을 하겠소. 우리의 염원인 통일을 이룩하기 위해 한시라도 빨리, 밤중이라도 가야겠소."

"선생님, 부디 성공하고 돌아오십시오."

차에 오르는 그를 배웅하는 기자들의 눈에는 눈물이 글썽했다.

그러나 김일성을 만난 김구는 실망했다. 김일성이 진지하게 통일 정부 수립을 위해 논의할 마음이 없다는 것을 알게 되었기 때문이다.

그래도 같은 핏줄을 나눈 동포이니, 서로 마주 앉아 얘기해 보면 통일을 위한 좋은 방안이 나오지 않겠느냐고 생각한 것조차 잘못이었다.

김구, 조소앙, 홍명희는 회의에 임하여 간단한 축사를 하였다. 김구 축사의 요지는 "조국 분열의 위기를 구하기 위해 남북의 열렬한 애국자들이 한자리에 회합해서 민주주의 자주 독립 국가 건설을 쟁취할 대계를 의논하게 된 것은 실로 우리 민족 독립 운동사의 위대한 발전이다."라는 것을 강조하고, "이러한 성대한 회합에 본인이 참가해서 이렇게 이야기하는 것을 매우 영광스럽게 생각한다."고 했다. 김구가 축사에서 강조한 것은 다음과 같다.

조국이 없으면 민족이 없고, 민족이 없으면 무슨 당, 무슨 주의, 무슨 단체가 존재할 수 있겠는가? 존재할 수 없다. 그러므로 현 단계에서 우리 전체 민족의 유일한 최대의 과업은 통일 독립을 쟁취하는 것이다. 그런데 목하에 있어서의 통일 독립을 방해하는 최대의 장애는 소위 말하자면 단선 단정이다. 그러므로 현하에 있어서 우리 공동한 투쟁 목표는 단선 단정을 분쇄하는 것이 되지 않으면 안 될 것이다. 현하에 있어서는 조국을 분열하고 민족을 멸망케 하는 단선 단정을 반대할 뿐만 아니라 어느 시기, 어느 지역에 있어서도 이것을 철저히 반대하지 않으면 안 될 것이다.

김구의 연설은 열렬한 박수와 환영을 받았다.

4월 30일, 김구의 요구에 따라 김구, 김규식, 김일성, 김두봉 네 사람의 4자 회담이 열렸다.

"우리는 이 네 가지를 요구합니다. 첫째, 남북한을 통하여 어떠한 형태의 단독 정부도 세워서는 안 된다는 것입니다. 둘째, 생사를 알 길이 없는 조만식 선생을 내가 이남으로 갈 때 모시고 갈 수 있도록 해 주길 바랍니다. 셋째, 끊어진 상태에 있는 연백 저수지의 물과 전기를 남한에 계속해서 보내 주시오. 그리고 마지막으로 중국 뤼순에 있는 안중근 의사의 유해를 모셔 갈 수 있도록 주선해 주시오."

김일성은 둘째 조건만 빼고는 그렇게 하겠다고 대답했다.

김구와 그 일행 64명은 5월 4일 오전에 평양을 떠나 5일 오후 무사히 서울로 돌아왔다.

이 남북 협상에서는 실질적으로 얻은 것은 없었다. 단지 통일을 위해서 공산주의자들과 마주 앉아 얘기할 수 있는 분위기가 이루어졌다는 것만 해도 수확이라면 수확이었다.

그러나 이 남북 협상이 이루어지고 있는 동안에도 남한에서는 단독 정부 수립 계획이 진행되어, 국회 의원을 뽑는 선거전이 치열하게 벌어지고 있었다.

"단독 정부는 안 됩니다. 통일 정부를 세워야 합니다."

변함없는 김구의 신념은 일부 사람들에게 오해를 불러일으켰다.

'김구는 공산당과 타협하려고 한다.'

주한 미군 사령관 하지는 남북 협상은 한국의 총선거를 방해하려는 공산주의자들의 계략에 지나지 않는 것이라는 성명을 여러 차례 발표해서 김구를 공격했다. 또 이승만과 단독 정부 수립을 추진하는 한국 민주당 등도 성명을 내어 남북 협상은 현실적으로 소련에 이용당할 뿐이라고 비난했다.

1948년 5월 10일, 마침내 남한만의 단독 정부 수립을 위한 총선거가 실시됐다.

남북 협상 후 북한은 김구가 제시한 조건을 들어주어 남한에 전기를 보내 주고 있었다. 그러나 5월 14일, 소련군은 남한 단독 선거에 대한 보복으로 다시 전기를 끊었다. 이것은 남북 협상은 불가능하다는 인상을 주었으며, 남한에서 김구의 위치를 적지 않게 약하게 만드는 결과를 가져왔다.

15. 선생님 가녔는데 우리가 무슨 말 하오리까

단독 정부 수립은 이제 확실한 것이 되었다. 그러자 많은 국민들은 이렇게 말했다.

"신정부 수립은 어차피 하게 되어 있으니, 김구 선생과 김규식 선생, 그리고 이승만 박사 세 영수가 힘을 합쳐 독립 국가를 건설하는 데 주춧돌을 굳건히 해야 한다!"

이에 대해서 김구는 분명히 말했다.

"통일이 없이는 독립이 없고, 독립이 없이는 우리는 살 수 없다."

많은 동지들이 김구의 곁에서 떠났다.

그래도 김구는 꾸준히 통일을 위해서 애를 썼다. 통일이 없이는 살 수 없음을 남북한 지도자에게 역설하는 한편, 제2차 남북 회담을 다시 열기 위한 노력도 했다.

그러나 남북 회담은 북한 측에서 해주로 오라는 등 엉뚱한 요구를 했기 때문에 결국 깨어지고 말았다.

7월 17일에는 5월 10일의 총선거에 의해서 성립된 국회에서 대통령 중심제를 내용으로 하는 헌법이 공포되었다.

그리고 7월 20일에 실시된 정부통령 선거에서는 이승만이 절대 다수로 대통령에 당선되었다.

이제 분단된 조국의 통일은 더욱 먼 것이 되었고, 통일 정부 수립을 위해 몸을 바쳐 일하는 김구와 같은 이들이 설 자리는 더욱 좁아졌다.

그래도 김구는 단념하지 않았다. 한쪽에서는 비록 남한만의 정부이지만 독립된 정부를 가지게 되었다고 기뻐하고 있을 때, 김구는 외롭게 통일을 위한 작업을 계속해 나갔다.

7월 21일, 김규식의 지지 세력과 힘을 합쳐 '통일 독립 촉성회'를 만들고 그 자리에서 김구는 말했다.

"미국과 친하는 것도 좋고 소련과 친하는 것도 좋지만, 우리는 먼저 우리 조국과 친하여 통일 단결로써 독립을 쟁취합시다."

그러나 한국의 정치는 이미 미국과 소련 두 나라 세력의 싸움에 말려들어, 한국 사람의 뜻대로 되어 주지를 않았다.

8월 15일 남한에 대한민국이 선포되자, 9월 9일 북한에서도 이른바 조선 민주주의 인민 공화국을 선포했다. 마침내 국토는 완전히 둘로 갈라진 것이다.

1949년 4월에 제주도에서 단독 정부 반대 봉기가 일어나고, 여수·순천으로 이어졌다.

같은 동포끼리 서로 죽이고 죽는 싸움을 벌이는 꼴을 눈앞에 본 김구의 마음은 오직 비통할 뿐이었다.

'이것이 다 나라와 겨레가 둘로 갈라져 있는 까닭이 아니고 무엇인

가? 통일된 조국의 독립이야말로 우리의 단 하나 살길이다!'

통일 조국에 대한 그의 신념은 더욱 확고해졌다. 그래서 그는 아직도 공산주의자와 얘기를 해서 통일 정부를 세울 수 있으리라고 생각하느냐는 미국 기자의 질문에 이렇게 대답했다.

"더욱 중요한 것은 우리 나라가 왜 두 동강이 나 있느냐 하는 것입니다. 그것은 미국과 소련이 38선을 가운데로 나누어서 점령하고 있기 때문입니다. 따라서 두 나라 군대가 철수하면 외국의 힘에 의해서 갈라져 있던 한국의 국토와 민족은 옛날대로 하나로 돌아갈 수 있으며, 우리 민족의 지도자들은 통일 정부 수립을 위해 반대파와 타협할 만큼 애국적이며 민주주의적이라고 나는 믿습니다."

1949년에 김구는 신년사에서 이렇게 말했다.

"해가 바뀌고 또 바뀌어도 삼천만의 가장 큰 염원은 오로지 조국의 자주적, 민주적 통일뿐입니다. 지나간 일 년을 되돌아보면서 서글픔이 있다면 이 염원이 이루어지지 않았다는 일뿐이요, 오는 일 년에 새 희망을 붙인다면 이 염원을 이룩하는 일뿐입니다."

이러는 가운데서도 새 정부는 차차 자리를 잡아 갔고, 많은 외국으로부터 독립 국가로서 승인을 받았다. 통일의 길은 점점 멀어지고, 김구는 더욱 외로워졌다.

뿐만 아니라 통일을 외치는 김구의 바른 소리를 싫어하는 사람들이 생기기 시작했다.

특히 새 정부에 가담해서 권력을 잡은 이들에게는 김구나 김규식 같은 이들은 눈엣가시였다. 그래서 그들은 틈만 있으면 김구나 김규식을 헐뜯고 욕을 했다.

"세계 정세를 모르는 사람들이야!"

"공산당하고 협상을 하다니, 공산당이나 똑같은 사람들이지!"

이들은 1949년 6월에 국회 프락치 사건이라는 것이 일어났을 때도, 그 뒤에는 김구가 있을 것이라고 떠들어 댔다.

국회 프락치 사건이란 외국군의 철수를 국회에서 부르짖은 젊은 국회 의원들이 공산당과 관련되었다 해서 구속된 사건인데, 이것을 김구가 시켰다는 것이었다.

"그 사람들 참 정신이 없군! 내가 그런 장난이나 할 사람으로 보이는가!"

김구는 이렇게 웃어넘겼다. 하지만 그런 오해는 너무 서글픈 일이었다.

남한만의 단독 정부가 세워진 뒤 김구는 아예 정치에 관여하지 않았다.

그는 독서를 하거나 붓글씨를 쓰고, 찾아오는 손님을 만나 바둑을 두며 나날을 보내고 있었다.

그런데도 김구를 정적으로 여기는 사람이 있었고, '김구를 암살한다.'는 소문이 많았다.

"몸조심하셔야 합니다. 암살 소문이 끊이지 않습니다."

주변 사람들이 걱정스럽게 말하면 그는 껄껄 웃었다.

"염려 말게. 나는 왜놈에게 죽을 짓을 한 적은 있지만 내 민족에게 죽을 짓은 한 적이 없네."
하지만 떠돌던 소문은 허무맹랑한 것이 아니었다.
육군 소위 안두희가 김구에게 접근해 온 것도 그 공작의 하나였지만 누구도 눈치 채지 못하고 있었다.

1949년 6월 26일 일요일.
비극의 그날, 날씨는 맑고 화창했다.
김구는 주일 예배에 나갈 예정이었으나 차가 밖에 나가고 없어, 이층 거실에서 〈중국시선〉을 읽고 있었다.
오전 11시쯤, 창암학교 여교사가 학교 일로 의논하고 싶다며 김구를 찾아왔다. 창암학교는 염창동에 있었는데, 김구가 설립한 이북 피난민의 학교였다.
여교사가 이층으로 안내되고 30분쯤 지났을 때 육군 소위 안두희가 찾아왔다.
"선생님을 뵐 수 있을까요?"
"지금 손님이 계십니다."
안두희의 얼굴을 기억하고 있던 비서 선우진이 말했다. 안두희는 전에도 몇 차례 경교장을 방문한 일이 있어 달리 생각하지 않았다.
"기다렸다가 잠깐 뵙고 가겠습니다."
이에 앞서 김구를 찾아온 면담자가 둘이 있었다. 둘의 면담이 각각 끝난 다음 선우진은 이층 거실로 안두희를 안내했다. 김구는 그때 탁자에 앉아 붓글씨를 쓰고 있었다.

선우진이 아래층으로 내려와서 불과 2, 3분이 지났을 때였다. 갑자기 이층에서 천지가 울리는 요란한 총소리가 났다.

선우진은 이층으로 뛰어 올라가다가 한 손에 총을 든 안두희와 마주쳤다.

"내가 백범 선생을 쏘았소!"

창백한 얼굴로 말하면서 그는 총을 떨어뜨렸다.

"뭐라고?"

선우진은 거실로 뛰어 들어갔다.

김구는 온몸이 피투성이가 되어 눈을 감은 채 의자에 비스듬히 쓰

러져 있었다.

"선생님, 백범 선생님!"

선우진은 울부짖었다.

급하게 의사가 달려왔지만 곧 힘없이 고개를 가로저었다. 이미 숨이 끊어져 있는 것이었다. 12시 45분이었다.

"범인이 어떤 놈이야?"

빠르게 달려온 서대문 경찰서 경비 주임은 안두희를 체포하려고 했다. 그러자 먼저 와 있던 군복 입은 청년들이 경비 주임을 가로막으며 말했다.

"나서지 마시오. 이 사람은 군인이오."

그러고는 그들은 자기들이 타고 온 차에 안두희를 태워서 어디론가 사라져 버렸다.

안두희가 쏜 총알 네 발은 김구의 얼굴과 목, 가슴과 배를 뚫어 치명상을 입혔다. 그러나 김구는 잠을 자는 듯한 평온한 얼굴로 눈을 감고 있었다.

그의 나이 74세였다.

이 사실이 밖에 알려지자 수많은 시민들이 경교장으로 몰려들었다. 경교장 일대는 순식간에 울음바다가 되었다. 울음은 삽시간에 온 서울을 덮었고, 전국으로 번져 갔다.

"김구 선생을 돌아가시게 한 놈이 누구인가를 밝혀야 한다!"

김구를 살해한 것이 한 포병 소위라는 사실이 알려지자 온 국민의 슬픔은 분노가 되고 분노는 다시 아우성이 되었다.

7월 5일은 무더운 날이었다.

아침부터 시민들이 영결식장인 서울운동장을 메우고 온 거리를 메웠다.

이 강산 이 강토가 어둡고 괴로워도
임이 계실 적에는 든든히 여겼는데……
임이 가시다니 이것이 웬일이냐?

청년들이 트럭을 타고 조가를 부르면서 거리를 누비고 다녔다. 정말 무겁고 슬픈 곡조의 노래였다.

장례는 국민장으로 거행되었다. 그의 영구는 그가 귀국 후 줄곧 살고 있던 경교장을 떠나 영결식장인 서울운동장에 들렀다.

"선생님 가셨는데 우리가 무슨 말 하오리까."

엄항섭의 조사로 운동장은 울음바다가 되어 버렸다.

오후 7시 10분, 태극기에 감싸인 관이 온 국민이 땅을 치고 통곡하는 가운데 효창공원에 묻혔다.

일생을 조국과 민족에 바친 위대한 애국자. 우리 겨레의 참 지도자였던 백범 김구 선생. 그는 통일 조국의 완성은 후손들에게 남긴 채 고이 잠들었다.

결코 꺼질 수 없는 그의 민족 정신을 겨레의 가슴속에서 횃불처럼 타오르게 하고서는…….